教育部人文社会科学重点研究基地
山西大学"科学技术哲学研究中心"基金
山西省优势重点学科基金
资 助

山西大学
认知哲学丛书
魏屹东 主编

思想实验的认知机制

薛 平/著

科学出版社
北京

图书在版编目(CIP)数据

思想实验的认知机制 / 薛平著. —北京：科学出版社, 2016.4
（认知哲学丛书/魏屹东主编）
ISBN 978-7-03-047593-0

Ⅰ. ①思⋯　Ⅱ. ①薛⋯　Ⅲ. ①哲学理论–研究　Ⅳ. ①B0

中国版本图书馆 CIP 数据核字（2016）第046568号

丛书策划：侯俊琳　牛　玲
责任编辑：牛　玲　刘　溪　刘巧巧 ／ 责任校对：赵桂芬
责任印制：徐晓晨 ／ 封面设计：无极书装
编辑部电话：010-64035853
E-mail:houjunlin@mail.sciencep.com

科 学 出 版 社 出版
北京东黄城根北街16号
邮政编码：100717
http://www.sciencep.com
北京凌奇印刷有限责任公司印刷
科学出版社发行　各地新华书店经销
＊
2016年4月第　一　版　开本：720×1000 B5
2025年11月第七次印刷　印张：12 1/4
字数：198 000
定价：98.00元
（如有印装质量问题，我社负责调换）

丛书序

21世纪以来,在世界范围内兴起了一个新的哲学研究领域——认知哲学(philosophy of cognition)。认知哲学立足于哲学反思认知现象,既不是认知科学,也不是认知科学哲学、心理学哲学、心灵哲学、语言哲学和人工智能哲学的简单加合,而是在梳理、分析和整合各种以认知为研究对象的学科的基础上,立足于哲学(如语境实在论)反思、审视和探究认知的各种哲学问题的研究领域。认知哲学不是直接与认知现象发生联系,而是通过以认知现象为研究对象的各个学科与之发生联系。也就是说,它以认知概念为研究对象,如同科学哲学是以科学为对象而不是以自然为对象,因此它是一种"元研究"。

在这种意义上,认知哲学既要吸收各个相关学科的理论成果,又要有自己独特的研究域;既要分析与整合,又要解构与建构。它是一门旨在对认知这种极其复杂的心理与智能现象进行多学科、多视角、多维度整合研究的新兴研究领域。认知哲学的审视范围包括认知科学(认知心理学、计算机科学、脑科学)、人工智能、心灵哲学、认知逻辑、认知语言学、认知现象学、认知神经心理学、进化心理学、认知动力学、认知生态学等涉及认知现象的各个学科中的哲学问题,它涵盖和融合了自然科学和人文科学的不同分支学科。

认知哲学之所以是一个整合性的元哲学研究领域,主要基于以下理由:

第一,认知现象的复杂性,决定了认知哲学研究的整合性。认知现象既是复杂的心理与精神现象,同时也是复杂的社会与文化现象。这种复杂性特点必然要求认知科学是一门交叉性和综合性的学科。认知科学一般由三个核心分支学科(认知心理学、计算机科学、脑科学)和三个外围学科(哲学、人类学、语言学)构成。这些学科不仅构成了认知科学的内容,也形成了研究认知现象的不同进路。系统科学和动力学介入对认知现象的研究,如认知的动力论、感知的控制论和认知的复杂性研究,极大地推动了认知科学的发展。同时,不同学科之间也相互交融,形成新的探索认知现象的学科,如心理学与进化生物学交叉产生的进化心理学,认知科学与生态学结合形成的认知生态学,神经科学与认知心理学结合产生的认知神经心理学,认知科学与语言学交叉形成的认知语义学、认知语用学和认知词典学。这些新学科的产生增加了探讨认知现象的新进路,也说明对认知现象本质的揭示需要多学科的整合。

第二,认知现象的根源性,决定了认知哲学研究的历史性。认知哲学之所以能够产生,是因为认知现象不仅是心理学和脑科学研究的领域,也历来是哲学家们关注的焦点。这里我粗略地勾勒出一些哲学家的认知思想——奥卡姆(Ockham)的心理语言、莱布尼茨(G.W.Leibniz)的心理共鸣、笛卡儿(R.Descartes)的心智表征、休谟(D.Hume)的联想原则(相似、接近和因果关系)、康德(I.Kant)的概念发展、弗雷格(F.Frege)的思想与语言同构假定、塞尔(J.R.Searle)的中文屋假设、普特南(Hilary W. Putnam)的缸中之脑假设等。这些认知思想涉及信念形成、概念获得、心理表征、意向性、感受性、心身问题,这些问题与认知科学的基本问题(如智能的本质、计算表征的实质、智能机的意识化、常识知识问题等)密切相关,为认知科学基本问题的解决奠定了深厚的思想基础。可以肯定,这些认知思想是我们探讨认知现象的本质时不可或缺的思想宝库。

第三,认知科学的科学性和人文性,决定了认知哲学研究的融合性。认知科学本身很像哲学,事实上,认知科学的交叉性与综合性已经引发了科学哲学的"认知转向",这在一定程度上从认知层次促进了自然科学与人文科学、科学主义与人文主义的融合。我认为,在认知层面,科学和人文是统一的,因为科学知识和人文知识都是人类认知的结果,认知就像树的躯干,科学和人文就像树的分枝。例如,对认知的运作机制及规律、表征方式、认知连贯性和推理模型的研究,势必涉及逻辑分析、语境分析、语言分析、认知历史分析、文化分析、心理分析、行为分析,这些方法的运用对于我们研究心灵与世界的关系将大有益处。

第四,认知现象研究的多学科交叉,决定了认知哲学研究的综合性。虽然认知过程的研究主要是认知心理学的认知发展研究、脑科学的认知生理机制研究、人工智能的计算机模拟,但是科学哲学的科学表征研究、科学知识社会学的"在线"式认知研究、心灵哲学的意识本质、意向性和心脑同一性的研究,也同样值得关注。因为认知心理学侧重心理过程,脑科学侧重生理过程,人工智能侧重机器模拟,而科学哲学侧重理性分析,科学知识社会学侧重社会建构,心灵哲学侧重形而上学思辨。这些不同学科的交叉将有助于认知现象的整体本质的揭示。

第五,认知现象形成的语境基底性,决定了认知哲学研究的元特性以及采取语境实在论立场的必然性。拉考夫(G.Lakoff)和约翰逊(M.Johnson)认为,心灵本质上是具身的,思维大多是无意识的,抽象概念大多是隐喻的。我认为,心理表征大多是非语言的(图像),认知前提大多是假设的,认知操作大多是建模的,认知推理大多是基于模型的,认知理解大多是语境化的。在人的世界中,一切都是语境化的。因此,立足语境实在论研究认知本身的意义、分类、预设、结构、隐喻、假设、模型及其内在关系等问题,就是一种必然选择,事实上,语境实在论在心理学、语言学和生态学中的广泛运用业已形成一种趋势。

需要指出的是,与"认知哲学"极其相似也极易混淆的是"认知的哲学"(cognitive philosophy)。在我看来,"认知的哲学"是关于认知科学领域所有论题的哲学探究,包括意识、行动者和伦理,最近关于思想记忆的论题开始出现,旨在帮助人们通过认知科学之透镜去思考他们的心理状态和他们的存在。在这个意义上,"认知的哲学"其实就是"认知科学哲学",与"认知哲学"相似但还不相同。我们可以将"cognitive philosophy"译为"认知的哲学",将"philosophy of cognition"译为"认知哲学",以便将二者区别开来,就如同"scientific philosophy"(科学的哲学)和"philosophy of science"(科学哲学)有区别一样。"认知的哲学"是以认知（科学）的立场研究哲学，"认知哲学"是以哲学的立场研究认知，二者立场不同，对象不同，但不排除存在交叉和重叠。

如果说认知是人们如何思维，那么认知哲学就是研究人们思维过程中产生的各种哲学问题，具体包括以下十个基本问题。

（1）什么是认知，其预设是什么？认知的本原是什么？认知的分类有哪些？认知的认识论和方法论是什么？认知的统一基底是什么？有无无生命的认知？

（2）认知科学产生之前，哲学家是如何看待认知现象和思维的？他们的看法是合理的吗？认知科学的基本理论与当代心灵哲学范式是冲突的还是融合的？能否建立一个囊括不同学科的、统一的认知理论？

（3）认知是纯粹心理表征还是心智与外部世界相互作用的结果？无身的认知能否实现？或者说，离身的认知是否可能？

（4）认知表征是如何形成的？其本质是什么？有没有无表征的认知？

（5）意识是如何产生的？其本质和形成机制是什么？它是实在的还是非实在的？有没有无意识的表征？

（6）人工智能机器是否能够像人一样思维？判断的标准是什么？如何在计算理论层次、脑的知识表征层次和计算机层次上联合实现？

（7）认知概念（如思维、注意、记忆、意象）的形成的机制和本质是什么？其哲学预设是什么？它们之间是否存在相互作用？心-身之间、心-脑之间、心-物之间、心-语之间、心-世之间是否存在相互作用？它们相互作用的机制是什么？

（8）语言的形成与认知能力的发展是什么关系？有没有无语言的认知？

（9）知识获得与智能发展是什么关系？知识是否能够促进智能的发展？

（10）人机交互的界面是什么？人机交互实现的机制是什么？仿生脑能否实现？

当然，在认知发展中无疑会有新的问题出现，因此认知哲学的研究域是开放的。

在认知哲学的框架下，本丛书将以上问题具体化为以下论题。

（1）人工智能的语境范式。在语境论视野下，将表征和计算作为人工智能研究的共同基础，用概念分析方法将表征和计算在人工智能中的含义与其在心灵哲学、认知心理学中的含义相区别，并在人工智能的符号主义、联结主义及行为主义这三个范式的具体语境中厘清这两个核心概念的具体含义及特征，从而使人工智能哲学与心灵哲学区别开来，并基于此建立人工智能的语境范式来说明智能的认知机制。

（2）后期维特根斯坦（L. Wittgenstein）的认知语境论。维特根斯坦作为20世纪的大哲学家，其认知思想非常丰富，且前后期有所不同。对前期维特根斯坦的研究大多侧重于其逻辑原子论，而对其后期的研究则侧重于语言哲学、现象学、美学的分析。从语言哲学、认知科学和科学知识社会学三方面来探讨后期维特根斯坦的认知语境思想，无疑是认知哲学研究的一个重要内容。

（3）智能机的自语境化认知。用语境论研究认知是回答以什么样的形式、基点或核心去重构认知哲学未来走向的一个重大问题。通过构建一个智能机自语境化模型，对心智、思维、行为等认知现象进行说明，表明将智能机自语境化认知作为出发点与落脚点，就是以人的自语境化认知过程为模板，用智能机来验证这种演化过程的一种研究策略。这种行为对行为的验证弥补了以往"操作模拟心灵"的缺陷，为解决物理属性与意识概念的不搭界问题提供了新思路。

（4）意识问题的哲学分析。意识是当今认知科学中的热点问题，也是心灵哲学中的难点问题。以当前意识研究的科学成果为基础，从意识的本质、意识的认知理论及意识研究的方法论三个方面出发，以语境分析方法为核心探讨意识认知现象中的哲学问题，提出了意识认知构架的语境模型，从而说明意识发生的语境发生根源。

（5）思想实验的认知机制。思想实验是科学创新的一个重要方法。什么是思想实验？它们怎样运作？在认知中起什么作用？这些问题需要从哲学上辨明。从理论上理清思想实验在哲学史、科学史与认知科学中的发展，有利于辨明什么是思想实验，什么不是思想实验，以及它们所蕴含的哲学意义和认知机制，从而凸显思想实验在不同领域中的作用。同时，借助思想实验的典型案例和认知科学家对这些思想实验的评论，构建基于思想实验的认知推理模型，这有利于在跨学科的层面上探讨认知语言学、脑科学、认知心理学、人工智能、心灵哲学中思想实验的认知机制。

（6）心智的非机械论。作为认知哲学研究的显学，计算表征主义的确将人类心智的探索带入一个新的境界。然而在机械论观念的束缚下，其"去语境化"和"还原主义"倾向无法得到遏制，因而屡遭质疑。因此，人们自然要追问：什么是更为恰当的心智研究方式？面对如此棘手的问题，从世界观、方法论和核心观念的维度，从"心智、语言和世界"整体认知层面，凸显新旧两种研究进路的分歧和对立，并在非机械论框架中寻求一个整合心智和意义的突破点，无疑具有重大意义。

（7）丹尼特（D.Dennett）的认知自然主义。作为著名的认知哲学家，丹尼特基于自然主义立场对心智和认知问题进行的研究，在认知乃至整个哲学领域都具有重大意义。从心智现象自然化的角度对丹尼特的认知哲学思想进行剖析，弄清丹尼特对意向现象进行自然主义阐释的方法和过程，说明自由意志的自然化是意识自然化和认知能力自然化的关键环节。

（8）意识的现象性质。意识在当代物理世界中的地位是当代认知哲学和心灵哲学中的核心问题。而意识的现象性质又是这一问题的核心，成为当代心灵哲学中物理主义与反物理主义争论的焦点。在这场争论中，物理主义很难坚持纯粹的物理主义一元论，因为物理学只谈论结构关系而不问内在本质。当这两个方面都和现象性质联系在一起时，物理主义和二元论都看到了希望，但作为微观经验的本质如何能构成宏观经验，这又成了双方共同面临的难题。因此，考察现象性质如何导致了这样一系列问题的产生，并分析了意识问题可能的解决方案与出路，就具有重要意义了。

（9）认知动力主义的哲学问题。认知动力主义被认为是认知科学中区别于认知主义和联结主义的、有前途的一个研究范式。追踪认知动力主义的发展动向，通过比较，探讨它对于认知主义和联结主义的批判和超越，进而对表征与非表征问题、认知动力主义的环境与认知边界问题、认知动力主义与心灵因果性问题进行探讨，凸显了动力主义所涉及的复杂性哲学问题，这对于进一步弄清认知的动力机制是一种启示。

  本丛书后续的论题还将对思维、记忆、表象、认知范畴、认知表征、认知情感、认知情景等开展研究。相信本丛书能够对认知哲学的发展做出应有的贡献。

魏屹东
2015 年 10 月 13 日

前　言

对于思想实验的研究，不同的学者有各自独到的见解。就目前的研究情况来看，许多学者对于思想实验的研究各有侧重，像马赫（E.Mach）、库恩（T.Kuhn）、布朗（J.Brown）和索伦森（R.Sorensen）等，他们都认为思想实验是实验，只不过是思想中的实验，这似乎契合了"思想实验"这个术语字面所暗含的意思，即思想和实验的结合。以人的内部世界和外部世界划分实验发生的场所来看，可分成思想实验与真实实验（物质实验）；以学科为背景则可分成科学和哲学中的思想实验。这样的划分是基于哲学分析的需要，而非科学家的视域来看待思想实验。由此，我们可以看到哲学方面有关思想实验作品分成了两类：一类只关注科学中的思想实验；另一类重在思考哲学中的思想实验。只思考科学中的思想实验的那些人并没有就科学中的思想实验的明显特征给予论证，也不轻易断定科学中的思想实验与哲学中的思想实验是否存在相似之处。虽然科学和哲学分属两个不同的学科，但是思想实验在哲学和科学中的表现和作用却有着很高的相似度。基于此，对于思想实验研究的路径呈现了多样化的趋势。

"思想实验常被哲学家和理论科学家普遍使用，当真正的实验在实践操作过程中或者在理论应用层面不可能实现时，可以通过想象，创设一个情景来检验某个假设。它设想对研究的内容做出各种条件的干预会产生什么样的结果，而不是真正实施这种干预，从而发挥想象来表明什么情况是可能的、什么情况是不可能的。"[①] 思想实验是多种多样的，不同的思想实验会带来意想不到的效果。之所以使用思想实验，是因为它比实际的情况更直接、更简单，还能帮助我们

---

① Sorensen R A. Thought Experiments. New York：Oxford University Press，1992：205.

思考那些在现实生活中不能得到求证的事情。尽管思想实验在知识源于经验还是理性的问题上饱受争议，可现实告诉我们的是，随着认知科学的出现和兴起，思想实验逐渐在哲学思辨的过程中和科学家的日常研究中不再默默无闻。

我们知道，认知科学出现于20世纪70年代，它汇集了心理学、语言学、哲学、神经科学、计算机科学以及人工智能等相关领域的研究成果，对思维、推理、记忆、注意、学习、心的表征、知觉表征等人类的认知和认知过程进行跨学科的研究。认知科学作为研究人脑和心智运作的尖端科学，其中的一些研究内容常会伴有思想实验，诸如计算机隐喻、人工智能、计算和表征等。以至于普特南说："认知科学像哲学。"认知科学的基本思想则是将人心视为像计算机那样的信息加工系统，试图用计算机科学和人工智能的发展来理解人的认知系统。无论是早期认知科学中的符号操作系统，还是"联结主义"或"神经网络模型"的形式，这些设想都与思想实验有着千丝万缕的联系。认知与思想实验本身是无法分割、不证自明的。

在20世纪80年代之前，在国内很少能够找到以思想实验作为研究对象的文章。80年代之后，有关思想实验的研究才有了起色。首先可以肯定的是，国内并没有专门以思想实验为论题的著作，我们对于思想实验的研究鲜有从跨学科的角度深入分析和讨论的。由此，把思想实验置于认知科学的框架下来探究思想实验的认知机制，无论是在理论上还是实际方面都具有非常重要的意义。

本书以认知科学的学科性质为背景。首先从理论层面上理清思想实验在哲学史、科学史与认知科学中的发展过程，用以辨明什么是思想实验，什么不是思想实验，以及它们所蕴含的哲学意义和认知机制，从而凸显思想实验在不同领域中的重要性。其次借助思想实验的典型案例和认知科学家们对这些思想实验的评论，建构以思想实验为基础的认知推理模型。通过相互之间的比较研究，在跨学科的层面上探讨认知语言学、脑科学、认知心理学、人工智能、心灵哲学中思想实验认知机制的问题。

薛 平

2016年1月

目 录

丛书序 ··· i
前言 ··· ix

第一章 思想实验的内涵与判别 ································· 1
第一节 思想实验的来源 ····································· 1
第二节 思想实验的判别 ····································· 3
一、思想实验与假说等相似概念的辨析 ······················ 3
二、思想实验的表现形式 ·· 6
第三节 思想实验的内在机制 ································ 13
一、思想实验的用法 ··· 14
二、思想实验的功能 ··· 22
本章小结 ··· 26

第二章 思想实验的认知理论基础 ································ 27
第一节 笛卡儿的松果腺的认知本体（实体）观 ·········· 27
第二节 洛克的心灵容器的认知结构 ······················· 28

第三节　休谟的联想原则与认知方法 ……………………………… 33
　　一、休谟的联想原则 …………………………………………… 33
　　二、认知方法的三个类型 ……………………………………… 35
第四节　拉美特利的"人是机器"与认知隐喻 ………………… 38
第五节　康德的超验自我与认知能力 …………………………… 41
本章小结 …………………………………………………………… 45

第三章　科学史上的思想实验及其认知机制 ………………… 46
第一节　16～17 世纪的思想实验与认知推理 …………………… 46
　　一、伽利略的思想实验 ………………………………………… 46
　　二、牛顿的思想实验 …………………………………………… 51
第二节　18～19 世纪的思想实验与认知启示 …………………… 54
　　一、法拉第圆盘实验 …………………………………………… 54
　　二、麦克斯韦妖实验 …………………………………………… 55
第三节　20 世纪的思想实验与认知建模 ………………………… 57
　　一、爱因斯坦的思想实验 ……………………………………… 57
　　二、薛定谔猫思想实验 ………………………………………… 66
本章小结 …………………………………………………………… 68

第四章　认知科学中思想实验的认知机制 …………………… 69
第一节　人工智能与思想实验 …………………………………… 69
　　一、符号系统假说的认知功能 ………………………………… 70
　　二、"中文屋论证"与认知理解 ……………………………… 75
第二节　心灵哲学与脑科学中的思想实验 ……………………… 81
　　一、"孪生地球"和"缸中之脑"与认知表征问题 ………… 82
　　二、黑箱与大脑认知 …………………………………………… 92
第三节　认知心理学与思想实验 ………………………………… 105
　　一、艾宾浩斯遗忘曲线与认知图式 …………………………… 106

二、巴特利特图式理论 ··· 108
　　三、明斯基的认知图式 ··· 109
第四节　认知语言学与思想实验 ··· 111
　　一、语言的认知语境 ··· 112
　　二、语言的一般认知模式 ··· 113
　　三、语境认知模型 ··· 116
本章小结 ··· 120

第五章　基于思想实验的认知模型 ·· 121
第一节　思想实验认知模型的构成和特征 ································· 122
　　一、回想内省描述 ··· 123
　　二、逆向转换联结 ··· 126
　　三、整合推理 ··· 127
第二节　基于思想实验认知模型的作用 ···································· 129
　　一、解释的一致性 ··· 129
　　二、模拟潜在的操作过程 ··· 132
　　三、大脑认知和心理变化的融合 ···································· 133
第三节　基于思想实验认知模型的认知机制 ······························ 135
　　一、思想实验者的心理模拟 ··· 136
　　二、文本的叙述与框架的构建 ······································ 139
本章小结 ··· 141

第六章　作为认知模型的思想实验与其他实验的辨析 ················ 142
第一节　真实实验构成的要件 ··· 143
　　一、有待检验的本质性假设 ··· 143
　　二、仪器设备 ··· 144
　　三、科学内容 ··· 144
　　四、因果推理 ··· 145

五、公开性 ···145
第二节　思想实验与真实实验的差异 ·····················145
　　一、非实际演示的操作性 ·····························146
　　二、情景再现性 ···146
　　三、定义的拒斥性 ···147
第三节　思想实验与其他实验的区分 ·····················148
　　一、假想实验不是思想实验 ·························148
　　二、科幻实验并非思想实验 ·························149
　　三、模拟实验不是思想实验 ·························150
　　四、与思想实验同时存在的还有一些虚假的实验 ·······150
本章小结 ···152

第七章　思想实验作为认知模型的局限性 ··············153
第一节　思想实验不成功的情况 ·····························153
第二节　误用思想实验带来的问题 ·························158
本章小结 ···162

结语　思想实验认知观 ···164

参考文献 ···168

第一章
思想实验的内涵与判别

研究思想实验的认知机制,首先需要解释清楚"思想实验"这个概念,只有把握了思想实验的概念来源及其深刻的内涵,才能把思想实验同假说、预设等概念加以区分和判别。之后可以依据对思想实验的判别方式得出思想实验的表现形式,或者说它是以怎样的方式让我们认定这样的一种实验形式就是思想实验,进一步讲,科学哲学家是如何看待思想实验的内在机制的。

第一节 思想实验的来源

一般来讲,"思想实验"(thought experiment)这一术语最初本是个德语词——"gedanken experiment",即思维实验。然而威特-汉斯(Witt-Hansen)认为,"该术语是由丹麦物理学家汉斯·奥斯特(Hans Christian Orsted)首创的,首次出现在《德国自然哲学》的语境内"[1]。只不过后来人们用英文翻译马赫(Ernst Mach)的文章时,第一次英译了这个德语词,也就是现在我们看到的"思想实验"这个词。马赫对于思想实验有他自己的理解,他从不同的角度使用了这个术语。

---

[1] Witt-Hansen J. 1976. H.C. Örsted, Immanuel Kant, and the thought experiment. Danish Yearbook of Philosophy, 13: 48.

他认为思想实验是用来说明一个真实实验的假想产品。他在《认识与谬误》一书中提到了思想实验,"除有形(physical experiments)外,还有在较高理智水平上使用的其他实验,即思想实验(thought experiments)"①。

我们知道实验是现代科学的标志,那么思想实验是不是在现代科学诞生后才出现的呢?显然并非如此。当我们从古至今回顾科学史和哲学史时,会发现在不同领域内,特别是不同的语境下,一些哲学家和科学家往往会设计一些场景。他们用这些生活化的场景进行判断和推理,这些合理的想象与我们现在所使用的思想实验有相似之处。

那么,思想实验最初的萌芽出现在何时呢?美国匹兹堡大学的尼古拉斯·雷舍尔(Nicholas Rescher)教授把思想实验的起源定位在古希腊思想最早的那个时间段。他断言思想实验在哲学上的用法与"它在哲学上的使用同主题本身一样古老"②。他指出前苏格拉底时期的自然哲学家们设计了关于思想实验的方法,通过它们来推理探索真正的实在。他在《前苏格拉底哲学中的思想实验》(Thought experimentation in presocratic philosophy)一文中提到:"古希腊前苏格拉底的自然哲学家在他们的思维中以这种方式开创了他们的哲学事业"③,并论证了米利都学派的泰勒斯、阿那克西曼德、毕达哥拉斯等人的思想中带有思想实验色彩的那些部分。

古希腊时期的自然哲学家们发明了思想实验作为认知的延伸,并从不同的角度应用类似思想实验的方式来进行分析和说明。为了说明对空间的解释,他们借用了诸如芝诺设计的阿喀琉斯与龟、飞矢不动这样的悖论,因为这些悖论本身隐含着思想实验的部分特点。在中世纪一些方法论的使用方面,也能找到使用思想实验的痕迹。英国当代哲学家彼得·金(Peter J. King)在《中世纪的思想实验:中世纪科学的元方法论》(Mediaeval thought-experiments:the mediaeval science)一文中认为,"中世纪科学的方法就是思想实验"④,他列举了

---

① 马赫. 认识与谬误. 李醒民译. 北京:商务印书馆,2007:204.
②③ Rescher N. Thought experimentation in presocratic philosophy//Horowitz T,Massey G J. Thought Experiments in Science and Philosophy. Langham:Rowman & Littlefield Publishers,1991:31.
④ King P. Mediaeval thought-experiments:the metamethodology of mediaeval science//Horowitz T,Massey G J. Thought Experiments in Science and Philosophy. Langham:Rowman & Littlefield Publishers,1991:43.

数学和形而上学等方面有关思想实验的例子加以说明。随着近代科学的诞生和发展，像伽利略、牛顿这样的科学家对思想实验的使用情有独钟。就目前来看，我们也能从心理学、计算机科学等学科找到一些思想实验案例。

第二节　思想实验的判别

从前苏格拉底时期开始到中世纪，再到近现代，一些假设、预设和悖论虽然看上去有些像是思想实验，其实不然。那些带有思想实验色彩的预设、假设、假想与真正意义上的思想实验还是有差异的。那么如何对思想实验作出判定呢？或者说，具备了怎样的条件才能称之为思想实验呢？我们主要从两个方面来考虑：一方面思想实验与假说、假定、预设及假设往往容易混同，为了更好地把握思想实验本身，需要澄清这些概念之间的关系，以便得出一个思想实验的判定标准是什么；另一方面需要把思想实验与真实实验进行区分，辨明二者的差异（思想实验与真实实验的差异性会在第六章进行详细论述）。

一、思想实验与假说等相似概念的辨析

按照《西方哲学英汉对照词典》解释，假说（hypothesis）是指对问题的一种试探性的和推测性的说明，是对问题证明之前暂时的推论，它更是依据事实材料、理论知识研究对象的未知性质及其成因或规律进行的某种推测性的说明或解释。假说实际上是由一系列假设的命题构成的，是有待验证的。

对于一个假说的检测可以通过观察、实验和论证，如果进一步的研究证明为可接受的，就可上升为科学理论或定律。应用假说对于科学的发展是必不可少的，例如，道尔顿的原子论假说、拉普拉斯星云假说等。密尔认为："假说是我们（或者没有实际证据，或者基于公开声明为不充分的证据）所做出的猜测，用以努力从中演绎出与已知为真的事实一致的结果。"[①] 假说的认知过程为：

[①] J.S. 密尔著作集（第七卷）．转引自：布宁，余纪元．西方哲学英汉对照词典．北京：人民出版社，2000：454.

现象（不确定）→提出问题或命题（真、假）→观察、推理及预测→接受或放弃→完善理论。

假定（presumption）是指被用作一种理论或说明出发点的那种假设。这种理论的真实性尚未确定，它是通过考虑某些论据得出的，因此它暂时是可以接受的，但是尚缺乏最后的可接受性。要确定它为真，常常是在讨论理论的最后阶段或说明的最后阶段，而且它不能完全单独地被确定为真。假定是有确定性的，处于低水准的认知地位，是知识生产的原材料。"假定是这样一个论题，它被公开承认为未知的（即未知其为真），但是有些人宣称（不管是试探性的还是不完善的）它应被看作是真的。"[1]"我们关于存在的两个推论，从描述构造理论过程的出发点来看，都是一个假定，同时，从这种正在构造的理论出发点来看，它们也是真实的。"[2] 奎因（Quine）指出，我们用于解释和构造感觉经验的一切实体就是假定，因而它们就是我们认为在感觉经验之外存在的东西，包括抽象对象以及物理对象。假定的最大特点就是命题具有猜测性和可变性，例如，假定把金属放在光下照射会怎样，假定宇宙中存在黑洞等，其认知过程为：

基于现有的理论解释→给出一种相应或相反的状况→对应产生的效果→得出新的观点和看法。

预设（presupposition）是弗雷格于1892年提出的，它最初是指说话者在说出某个话语或句子时所做的假设，即说话者为保证句子或语段的合适性而必须满足的前提。在哲学或科学中，预设是某一学科中的命题或论证得以成立的基本保证，如世界是物质的，物质是运动的，运动是有规律的。"所谓预设就是把毫无疑问地认为真的东西作为某个结论的前提，它是一种确定无疑的信念。预设在哲学上往往具有本体论或形而上学的命题，往往难以证明，但可以通过诉诸常识经验来选择和揭示其意义。"[3] 预设的认知过程为：

如果 A 预设 B → B 可以从 A 推出。

这个过程不同于演推的过程，这里的 A 是永真的信念，是假设之假设，是

---

[1] Rescher N. Methodological Pragmatism. New York: New York University Press, 1977: 115.
[2] Quine W. Word and Object. Cambridge: The MIT Press, 1960: 2.
[3] 魏屹东. 从哲学预设到科学前提——试论科学预设的合法化. 文史哲, 2008, (5): 135.

比假设更不一般的、更根本的东西。

假设（hypothetical assumption）是基于科学研究对客观事物的一种前瞻式的说明，是一个可真可假的命题。对于一个假设的证明，一方面，如果基于事实，经过反复的实践证明是正确的，这个假设就会成为一个可行的定律或理论。另一方面，如果假设难以进行实际的操作论证，且无须证明或论证，客观上已经被大多数人接受或认为是真实的一种存在，那么这样的假设往往会成为一种未经证明的前提或信念。假设实际上也是人类认知的一种方法。假设的认知过程为：

某些事实或现象→提出几个不同的猜测→论证或说明现象的真实及可靠性→接受或否定。

从以上的分析可以得出，除了预设外，假设、假说、假定有一定的共同之处，其命题都含有虚拟、猜想的成分。不同之处在于：假设是对事实进行猜测性的一种说明；假说含有假定的成分，是基于现有事实基础上的前假设，是一种涵盖范围更广的学说；假定的前提可真可假，而预设的前提为真，并且预设是假说和假定的前提。

无论假说、假定、预设还是假设，它们都是基于可观察的事实加以推演的。而对于一个思想实验来说，有着和假说、假定、预设等不同的表现形式和特点。首先，思想实验是一个实验，有着自身不同的操作和分析的对象及内容，与上述假定、假说、预设和假设的最大区别在于思想实验涉及不可观察的领域或观察难以把握的现象或领域，是展现在头脑中的实验。其次，思想实验在某种程度上兼有假说、假定、预设和假设的成分，只是不同的思想实验在不同的领域使用的特色及其功能不同。比如，安德鲁·布鲁克一直把思想实验归入假设的、有关科学步骤的波普尔式的看法，并指出，在假说的形成过程中以及在检验典型例子方面，思想实验发挥了历史性的作用，凭借这些我们很容易看到思想实验是如何促使假设形成的。许多反事实的"假定"在一定程度上所涉及的内容都可能是一场思想实验，它们有助于把以前未曾注意到的传统理论具体化。这样看来思想实验确实与形成的假设不一样了，如果思想实验没有用于科学研究的目的，那么布鲁克认为思想实验在检测假设中所起的历史性作用，也就不存在争议。典型的例子就是伽利略基于自由落体实验对亚里士多德物理学重的比轻的下落得快这一主张的拒斥。布鲁克的目的在于理清认知科学中的思想实验为我们提供了多少可用的信息。他不仅强调了思想实验经验的本质，同时他也强调了思想实验从它们所经验的内容中获得的部分价值。这种经验的内容可能使思想实验面对真实的世界时具有了检测假设的能力。

因此，我们会发现，思想实验确实不同于一般的假说、假定或假设等方式，它不仅兼有这些用法，同时还具有不同的表现形式。思想实验定义具有拒斥性，需要排除白日梦和妄想，因为它们不是以提出问题和回答问题而展现的。之所以有这样的妄想，可能与实验者自身内在的体验相关。同样，我们也能把娱乐的猜想和思想实验辨别开来。现实生活中，许多人都会面对假设事件，这些假设事件的结论很明显会影响到他们的生活状态甚至是内在的悲喜情绪：如果我中奖了会怎样？如果地球上只剩下我最后一个人生存会怎样？这些问题没被要求来证明一个论点或提出问题。这些问题是因为人们恰好喜欢这些有趣的命题。猜测会以小说那样的方式引起一个人的情绪和情感，所以一个人为了这样的经历可以猜想某种命题。当然，思想实验如同这些闲散猜想一样给人们提供了许多快乐。不同之处在于思想实验的目的是启发式的，不是娱乐式的。此外，启发是以正确的方式推动的。《花岗岩的世界》（Granite World）是出于哲学论题的目的而著作的一部简练小说，但它不是思想实验。[1] 思想实验在于从不知其真假或只是利用暂时的假设的预设进行推理，从而形成某种观点或解决某个问题。这样的话，就使得思想实验具有了"好像"思考的特色。白日梦和妄想是不具有这些特点的，因而是要拒斥的。

二、思想实验的表现形式

在索伦森看来，"一个思想实验就是一个无需实施就能达到其目标的实验"[2]。

---

[1] Sorensen R A. Thought Experiments. New York：Oxford University Press，1992：204.
[2] Sorensen R A. Thought Experiments. New York：Oxford University Press，1992：205.

也就是说，在他看来，思想实验就是实验，只不过是在思维中进行的实验，无须像真实实验那样在特定的场合借助一定的实验设备进行。其次，当一个真正的实验在实践上无法操作时，往往会提供想象的情景来检验和预测这个假设。美国物理学家霍夫斯塔特（Hofstadter）坦白地说："关于其他偶然的思想实验，系统性的发展仅仅是为了说明和活跃这种观点，有时出于证明、说服和教育的边界不能描述时。"[①] 有学者认为思想实验建立这样一种假想的描述，类似这样的虚构性质不应该归入文学的范畴。这个术语的大多数定义是以隐喻的技巧来表述的，正如布朗所言："思想实验是在心灵的实验室中执行的。"[②]

基于大多数哲学家和科学家对思想实验的使用和讨论，可以把思想实验的表现形式概括为以下五点。

1. 非实际的可操作性

思想实验不同于真实的实验，真实的实验可以在特定的实验室中进行操作，而思想实验往往是在实践上无法操作时才会建构一个跨越了实际操作的实验模型。例如，在哲学史上，我们关于人自身超越时间与空间的概念，要求时间空间与生理的连续性。在这样的情景中，如果只有其一满足的话，这种情形也是模糊的、不确定的。我们知道任何实验的目的都是要合理地回答或提出实验的问题。实验者的动机是多方面的，有人做实验是为了学会新方法，检验新的实验设备，或者是为了检验各种现存理论，也可能是为了赢得某种认可。目的和动机之间的差别也能应用于思想实验的判定。如果一个实验的目的是不用执行就能获得想要的结论的话，那么实验的设计会以肯定的方法呈现给观众，它会使受邀者相信设计的意图证明了问题答案的正确性。思想实验者无需真正相信他邀请的其他人确实是信其为真的。比如，洛克（John Locke）的这个思想实验：一个王子的大脑被植入一个皮匠的体内，其他人以为仍然是皮匠，除了脑以外活着的身体仍然是皮匠的。但就"人"而言，现在整合进皮匠身体内的是

[①] Hofstadter D R, Dennett D C. The Mind's I: Fantasies and Reflectionsof Self and Soul. New York: Bantam Books, 1981: 374.
[②] Brown J R. The Laboratory of the Mind. London, New York: Routledge, 1991: 1.

王子。看起来是皮匠，实际上是王子。洛克认为，他关于王子和皮匠的思想实验说明，王子和皮匠确实交换了，这是因为他们的生理特征互换了，对于生理连续性的要求来说，在现实方面是不可操作的。

在科学史上，19世纪的物理学家麦克斯韦（J.C.Maxwell）为了表明热力学第二定律是可能被违反的而提出了一个思想实验，后人称之为"麦克斯韦妖"。麦克斯韦利用"妖"实验，在理论中尝试得到熵的递减过程，这并不荒谬。为了论证自己的观点，他形象化地设计了该实验。整个实验的意义在于：理论上看似可行的未必就是合理的，可以通过思考不同的情景孕育新的观点和看法。尽管设置这样一个"妖"进行实际的操作是不可能的，但是思想实验至少给了不可实际操作的思想空间和思维的实验场。

2. 非现实情景的再现性

思想实验的另一个不同寻常的表现就是呈现出非现实的情景。这种方法常常会列举一些反例或非现实的状况加以说明或论证。我们不能把思想实验建立在地球表面的抛射物粗略地拥有抛物线似的轨道这样一个预设的基础上，因为它们真的粗略地拥有抛物线似的轨道。到目前为止，我们只给出了事物真的是什么的一种精确描述，然而我们能通过非现实的假设进行思想实验：抛物体沿着弧形轨道行进。如果我们进行非现实的情景假设，空气的阻力不会干扰轻的或重的抛物体。如果我们思考一些与特殊的尺寸、大小以及与结构有关的假想的抛物体时，我们也能在一个思想实验中整合抛物线的轨道。伽利略在《关于两大世界体系的对话》中讨论相对运动的情形时就运用了思想实验的方法。他说：

"把你自己和某位朋友关在某大船甲板下面的主船舱里，而且带上苍蝇、蝴蝶和其他一些会飞的小动物。在一个盛水的大碗里放一些鱼，倒着悬挂一个瓶子，其中的水一滴一滴地滴入它下面的广口容器内。船是静止不动的，仔细观察小动物如何以相等的速度向各个船舱侧壁飞去。鱼漫不经心地游向四面八方，水滴入下面的容器；向你的朋友投掷任何东西，在距离相等的情况下，在一个方向上并不需要比向其他方向更用力；双足跳跃，你在每个方向都通过相等的距离。当你仔细地观察所有这些东西的时候（不过，毫无疑问，当船是静止时，每件事一定这样发生），让船以你喜欢的任何速度继续行进，只要运动是匀速的，而且不以这样或那样的方式起伏摇摆。不论船是静止的还是运动的，你不会发现上面提到的动物有任何变化，你也不能区别船只是运动的还是静止的。"①

这个充满想象力的思想实验是相对论的开端，用以论证运动的相对性和绝对性，展现了与事实不相符合的情景。上面提到的这个思想实验描述了一种与事实相反的或反事实（counterfactual）的状态。它是一种在假设推理过程中获得说明的一种尝试。对于任何事物来说，如果确切地知道了它对应方面的状况，就可能会得到有关假设结果的真假状况。思想实验在于从不知其真假或是预设的情景中进行推理，从而形成某种观点或解决某个问题。如此一来，使得思想实验具有了"好像"思考的特色。因为当思想实验不能假定这样的情景时，它就不是思想实验了，它就不会是对一个真实实验或者是这样的情景进行描述了。证明思想实验不是实验的另外的一种方法是找到不能指示真的那类实验的同义词。它的不同寻常的表现就是呈现出非现实的情景。这种方法常常会列举一些反例或非现实的状况加以说明或论证。

3. 情景的虚拟性

思想实验的情景往往伴有很多虚拟成分在内，某些理论的论证也常常再现虚拟的情景。在认知科学中，塞尔的"中文屋论证"就是这种虚拟情景的体现。该思想实验设想了一种能够使一台计算机模拟"理解"的汉语程序。假定一个不会说中文但会讲英语的人，被锁在一个有两个窗口和一本英汉对照说明书的屋子里，从一个窗口递入用中文写着问题的纸条。屋子里的人根据说明书将这些纸条与其他写有中文符号的纸条相匹配，并将那些纸条通过另一个窗口递出。塞尔认为，计算机内部的设置基本上就是这样的，而不会说中文的人就像那台计算机，它根据一个程序来加工所接受到的所有东西，而它的输出事实上就像

---

① 罗姆·哈瑞. 认知科学导论. 魏屹东译. 上海：上海科技教育出版社，2006：29.

它对中文问题所做的回答,尽管它通过了"图灵测验",但仍然没有获得对中文的理解。同样,计算机是通过程序进行操作的,而不能意识到它所操作的符号的意义。由此,塞尔认为,程序不是心,程序是知识形式的或句法的,心具有语义的内容,语义学并不内在于句法学,而句法学对于语义学也是不充分的。"中文屋论证"正是对强人工智能或功能主义的中心论点——"心智之于大脑如同程序之于硬件"的有力反驳。通过这样的思想实验进一步说明:一种正确的认知理论应该由人类大脑来执行,并能在一台适当程序化了的计算机里运转,但这种理论只存在于程序中,而非存在于大脑或计算机之中。

普特南的"孪生地球"与"缸中之脑"思想实验也体现了情景的虚拟性。他设想在空间的另外一个地方有我们行星的一个复制品,它与我们的地球在其他方面完全相同,只是我们称之为水的东西的化学成分为 H_2O,而"孪生地球"上的人称之为水的东西的化学成分是 XYZ。因此,尽管"孪生地球"上居民的内部状态与我们一样,但当他们说"水"这一词语时,他们指的是成分为 XYZ 的物质,而我们说出"水"这一词语时,我们指的是 H_2O 的物质。如果意义取决于内部状态,那么我们的词语"水"和他们的词语"水"应当具有相同的意义。但是这两个词语不具有相同的意义。因为我们的词语指 H_2O,而他们的词语指 XYZ。因此,一种语言的语词意义不仅"在头脑中",至少部分取决于外部世界的事实。上述的案例说明了思想实验不是经验的过程,它是在想象中创立的实验,而不是真实实验,它采用了虚拟推理的方法,为假设性的问题营造了似真的氛围。

4. 过程的似真性

诺顿(John Norton)在《爱因斯坦工作中的思想实验》(Thought experiments in Einstein's work)一文中指出,"所有的思想实验中最难以理解且最有价值的是爱因斯坦关于黑体辐射的波粒二象说论证过程中提到的一个思想实验"[①]。关于黑体辐射的分析有三种不同的理论:经典的电动力学、热动力学和统计力学。最

---

① Horowitz T, Massey G J. Thought Experiments in Science and Philosophy. Savage: Rowman & Littlefield Publishers, 1991: 132.

著名的关于统计力学的应用就是玻尔兹曼的气体动力学说，如大量快速运动的分子聚集时，最有可能出现的运动问题，基于此来分析气体的宏观运动。特别是在热与容器相平衡条件下，气压和气能会以它们的平均数波动，这些波动通常不会被肉眼观察到。黑体的辐射就是一个完整的黑体发出的热的辐射。在 19 世纪末 20 世纪初，这种辐射在经典力学中被看作波现象。1905 年，爱因斯坦认为即使辐射没有组成电磁波，而是包括了能量相互独立的量子，黑体辐射有时也可以对热动力学起作用。但是，到了 1909 年，爱因斯坦开始认为我们不能把黑体辐射看作一种波现象，而应看作是具有波粒二象性的，爱因斯坦的论证之一就是思想实验。

"对于黑体辐射的射线、一面镜子的洞，这面镜子可以在洞的表面自由地做垂直运动。在热平衡下这是一个完整的系统。气体在镜子表面施加波动的压力，与此相似的是，辐射在镜子表面也施加了压力，从一开始爱因斯坦就用热动力学的方法看待黑体辐射。所以他猜想辐射的压力也会波动。结果是镜子产生了轻微的摇动，这种运动恰好就是布朗运动形式；而镜子的动量是有关平均数的波动。如果了解的能量分布超出了黑体辐射的波长，那么，爱因斯坦就能计算这些波动的大小，特别是能计算由辐射引起的那部分。"①

该思想实验一方面显示了像波似的辐射性质，另一方面显示了粒子性质。因此，无论是采用波的观点或是粒子的观点都只正确了一半。该思想实验使得人们从粒子和波非此即彼的思维中跳了出来，接受了辐射同时拥有波粒两个特性的观点。尽管思想实验是思维中的实验，但其过程具有似真性，是基于先前的科学论证的。

5. 展现的直接性

布朗在《心灵的实验室》（The Laboratory of the Mind）一书中描述了惠更斯的一个思想实验。他把这个实验看作是直接式的思想实验。实际上，惠更斯的

---

① Horowitz T, Massey G J. Thought Experiments in Science and Philosophy. Savage: Rowman & Littlefield Publishers, 1991: 133.

这个思想实验更能体现思想实验过程所展现的直接性特征。这个思想实验是他在研究岸上与船上的两个人手中的小球的碰撞情况时提出的：

> 船沿着河堤以速度 v 运动。在甲板上，两个等量体的碰撞发生了。船上的物体以速度 v 和 $-v$ 运动。当然，它们返回时分别以速度 $-v$ 和 v 运动。船上有个观察者，岸上也有一个观察者。对于第二个观察者，两物体碰撞前的速度是 $2v$ 和 0，碰撞后是 0 和 $2v$。我们可以得出碰撞中的弹性体把它的速度传递给了另一个等量体。因此，我们也能得出更显著的结论。因为船的速度 v'，碰撞前的（岸上的）是 $v'+v$ 加 $v'-v$，碰撞后是 $v'-v$ 加 $v'+v$。因为 v' 是反复无常的，在等量弹性体的碰撞中会改变它们的速度。①

惠更斯这样的一个思想实验给我们展现了实验的发生、发展过程，给人以真实实验的印象。尽管思想实验是真实实验的假想过程，但它却如同真实的实验那样在想象的世界中操作，在假想的情境中直接展现了实验的过程，能够使我们更好地理解事物的本来面貌，预测未来的状况。具有创新意识的物理学家们会使用这些"心灵的实验"。如在他们的交谈中，或是他们彼此之间的合作中，出于揭示理论中那些变革和矛盾的需要，也为了让其他人能认可他们各自的观点，这些物理学家往往会用到思想实验。不同的思想实验确实呈现出意想不到的结果。例如，爱因斯坦的追光实验（这样的物理实验在实验室是无法进行的，却能在想象中展开理论实验）最终导致了狭义相对论的产生。人类如何认知，除了对物理现象的解释外，如何解释意识现象，至今还无定论。由此可见，伽利略不是真正的借助经验者，而完全是一个借助思想实验取胜的柏拉图主义者。想象只能是思想实验的一个特征，想象的实验不完全是思想实验。

思想实验的这五种表现形式，并不是每一个思想实验都能够全部体现的，有的会表现一种，有的会表现两种或更多，甚至它们会糅合在一起来表现。大多数的思想实验都是上述的表现形式呈现的，它们的特征源于这些表现形式。思想实验具有一般实验所具有的几个科学的特征。第一，一个思想实验肯定与要检验的假设有关（或是要回答那些问题），这些假设出现在特

---

① Brown J R. The Laboratory of the Mind. London, New York: Routledge, 1991: 43.

殊观察或理论语境内。第二，思想实验是在所观察世界的语境内的。尽管在思想实验内存在许多得不到经验观察支持的假想，但是它的存在也是必不可少的。第三，思想实验的细节须经得住推敲，也可以说是在足够可控的情况下建立的。就像是大多数好的物理实验那样，好的思想实验是可重复的。第四，在思想实验内辨识许多独立变化的因素是为了确定这些变化因素和用于描述实验结果的可依赖的变化因素之间的相互关系。第五，对于最初的背景理论而言，思想实验的结果应该会产生一定的影响。思想实验所涉及的有疑问的特殊假设事件或事态，不仅为我们的探寻提供了方法，而且可以对最初理论语境进行修正和补充。因此，不是每一个对我们周围世界的观察和操作都能构成一个物理实验，关于世界的每一个实例也并非都能被认为是一个真正的思想实验。任何实验（思想实验和一般实验）的存在和功能只会在发展较好的科学方法内出现，尽管从思想实验的表现形式来看，它不同于一般的实验，但是真正的思想实验应该具有一般实验的特征，至少那些科学的特征能在一般的原则上有助于定义特殊的学科和科学的成就。一般的假设推理和一些假定的结论，是通过对自然科学内思想实验价值的解释方式得到的。特别是围绕思想实验使用的优势和限定条件这两个方面的内容。在某种意义上思想实验的优势是很明显的，主要体现在思想实验无需具体的装置，因此可以免于实验室的实际限制。在许多的情况内或在不同的理论条件下，我们确实可以看出它们是科学进步的有力工具。此外，思想实验中假设的理想环境（如无摩擦的表面）有助于辨别、区别各种变化，删去特殊的变化因素（如表面的摩擦），得到预期的结论。就理想化限制条件的这些假设推理而言，思想实验为真实世界某些学科的研究提供了可能的信息。

第三节 思想实验的内在机制

思想实验使用虚拟推理，营造了非真实的氛围，构建了假设的问题和理论，在大脑的想象中模拟真实实验的场景，以求得出预见性的结果。正是由于这样的独特之处，才使得思想实验的使用频频出现在不同的学科中，它的应用范围也就更加广阔了。不仅仅是在哲学、科学等领域,而且还延伸到了其他领域,如认知心理学、社会心理学,经济学、政治学、法律、市场学和组织学等领域。那么怎样使用思想实验呢?思想实验的认知机制是什么?

一、思想实验的用法

思想实验之所以凸显出了与众不同的特性,在于其映射出与认知相关的问题。换句话说,是因为其内在认知机制的推动,促成了思想实验的形成与发展,思想实验的认知机制在于分析思想实验是怎样运行的。思想实验在论证的过程中到底扮演的是实验角色还是论据角色,抑或是两者都兼有的角色,不同的学者持有截然不同的观点。比较有代表性的主要是欧文(Irvine)、库恩、诺顿、布朗、索伦森、库珀(Rachel Cooper)等。

1. 欧文的工具观

纵观哲学史和科学史上有关思想实验的使用,更多的人倾向于把思想实验作为一种方法,一种借以实现对某种理论预测的工具。欧文指出:"前苏格拉底时代的人们就本质问题的推理过程提出了对思想实验的使用,并认为思想实验是后来科学证明的一个多方面的、效率高的工具。"[①] 也就是说,当真实实验在现实中无法进行操作和解决问题时,把思想实验作为方法论的工具,借助这样的工具实现对某些领域理论或原理的预测。正如阿斯帕齐娅(Aspasia S. Moue)等在《追溯自然科学哲学中的思想实验的发展》(Tracing the development of thought experiments in the philosophy of natural sciences)一文中指出:"思想实验就是科学推理(假设和反事实)的方法论过程,在一个想象模式的语境中进行,使我们得到关于世界的新知识。"[②] 思想实验在某些人的论证和推理过程中是作为一种方法、一种有效的论证工具来使用的。

---

① Irvine A D. On the nature of thought experiments in scientific reasoning//Horowitz T, Massey G J. Thought Experiments in Science and Philosophy. Savage: Rowman & Littlefield Publishers, 1991: 153.
② Moue A S, Masavetas K A, Karayianni H. Tracing the development of thought experiments in the philosophy of natural sciences. Journal for General Philosophy of Science, 2006, 1: 37.

从欧文的主张来看，思想实验涵盖了对稳定的、清晰可辨的客体的操作，常常使用理想化的工具，这些工具能与环境的各个方面相互作用。一方面，思想实验的证明性力量依赖于所创造的情形，在这样的情形内，大多数的行动步骤或操作完全是清楚的，如同真实实验所遇到的异常现象和限制的情况一样。在这样的框架内，执行的观察和操作是由完美的观察者来完成的，所需的方法也都是通过假想得到的。另一方面，一个思想实验会像所有形式证明的步骤那样，除此之外，它还会超出物质世界中那些实践式的说明，使得这样的思想实验具有了普遍性和透明性，同时也具有了表征世界的特性。显然，思想实验实验者的"真实"世界是在思想中表征的，但是思想在很大程度上受到了这样的限制，即它与观察者已经知道的世界是很相似的。真实世界中的实验只是实验者在多数重构的形式内完成的超越，通过真实实验探究的世界显然是出于某种困难设法做到的，由此可见，思想实验与真实实验在证明的形式和文本形式方面发挥着相似的作用。

2. 库恩的功能观

托马斯·库恩在其 1964 年的文章《思想实验的作用》（A Function for Thought Experiments）中提出了对科学思想实验的说明。在库恩看来，思想实验是借助某种记忆方式开始工作的，而这种记忆的方式与正常情形不同，是反常的。这主要是出于科学家和哲学家的需要，因为借助思想实验，他们可能会得到他们想要的，恰好思想实验的叙述结构触动了科学家的记忆。当一位科学家用思想实验搭建起想象的场景时，他经历了似曾相识的感觉。这是因为他曾经见过这样的场景。于是，用思想实验的结构触动类似的记忆时，如果想象的场景是真的，思想实验就能解决所发生的情况。库恩主张，思想实验在科学史上扮演了重要的角色，它们能使不寻常的知识引起科学家的注意。当他们的研究进展缓慢时，这能使他们体会到常规科学已进入了革命性的阶段。库恩的说明试图解释在思想实验内所获得的新知识是回忆的知识，不是真正的新知识，那么，这样的实验是怎样带来知识的呢？这就出现一种认识论的困惑。库恩承认，他的说明不可能应用于所有的思想实验。按照库恩的说法，一个科学家能够在假设的情况下得出所发生的结果或是推论，是因为他看到了在真实世界里描述的那种情况。科学家刚好需要回忆的是他以前看到的。不过，一些思想实验关注的情况是以前从未看到的，科学家所思考的包括了物理上不可能出现的场景。例如，爱因斯坦同光速赛跑。库恩的说明不能应对这样的思想实验，即完全不可能的情况不能被提前觉察到时，就不能对其进行说明。库恩对思想实验的解释，仅仅是从思想实验的功能为出发点的，他只是说明了思想实验得以进行的一个方面。对于诺顿而言，思想实验是作为论据来发挥其作用的。

3. 诺顿的论据观

诺顿认为，思想实验实际上是扮演了论据的角色，据此，他提出了他的主张，即思想实验是论据。他的主要目的是给物理学中的思想实验提出一种说明。他的做法是，通过提供形式论据的重构形式来支持他的立场。这些论据的得出基于他对爱因斯坦的一些思想实验的探究。他明确承认，思想实验既能使用演绎推理也能使用归纳推理。诺顿把思想实验简化成为一系列的命题，即简化为前提和假设，由认可的那类推理得到结论。诺顿认为，在没有认识缺失的情况下，所有的思想实验都能简化为一个个由命题组成的论据，或者说就是把思想实验分解成论据。他重构了爱因斯坦的一些思想实验，以此来捍卫他的主张。然而这样的证明对于解释他的主张显然是不充分的。诺顿没能准确地阐明他用论据所表达的意思，也没能简单地表示其演绎论证的整个过程，即爱因斯坦的思想实验可以经由逻辑的论证得到一个结论。因此，这不足以证明论据和思想实验实际上是同一的，因为得到结论的过程可能在不同的情况下不同。一般来看，构建一个思想实验似乎是很容易的，也很有意思，甚至是有趣的，而论据通常不是这样。当我们实施一个思想实验时，我们用思维想象了一个拓展的情形，我们一般不会思考思想实验的前提、推理的过程是否严密，也不会过多考虑思想实验的结论是否被认可。然而思想实验对推理的类型还是有要求的，这里的推理不能在这个意义上看作是论据式的，也就是说，不能简化为像"前提－结论"那样的形式。一些思想实验是不能简化为论据的，无论思想实验是什么，它们都不是简单的论据。这是因为诺顿把对思想实验的说明建立在了假想的基础之上，他认为纯粹的思想不能幻想得到知识，而且会远离逻辑真理。对于诺顿而言，有效传递知识的唯一方法是演绎论证或者是归纳论证。因此，为了支持他自己的核心论点——思想实验就是论据，他在思想实验中放置了一个论据前提和结论，以演绎论证的形式进行推理，并且捍卫了这样的实践。"通过把它们详细地重构为论据，使其符合我们提出的其他论据形式的标准，反过来检测思想实验，这样我们能够分析和评价思想实验。"①他主张，一旦我们用思想实验的假设来说明，那么任何一个思想实验都能被作为论据进行具体重构。诺顿称这种假设为"重新建构的论点"，即所有的思想实验都能在策略和细致假想的基础上，作为论据重新被建构。当重构的论据能证明这个结论时，对于思想实验中结果性的结论所形成的信念，就能够在某种程度上加以调整。

除了诺顿外，还有一些对思想实验持批评态度的评论者也把它们描述为论据，像欧文这样对思想实验持有工具观的人，有时也会支持思想实验是论据的观点。他在《物理科学中思想实验的价值》(Thought experiments in scientific reasoning)一文曾说："可以把思想实验理解为围绕特殊事件的假设或者是对事件说明的论据。"②

4. 詹姆斯·布朗和索伦森等的实验观

詹姆斯·布朗对于思想实验的说明采取了理想化的策略，即柏拉图式的说明。他在《心灵的实验室》(The Laboratory of the Mind)一书中提出了关于思想实验的柏拉图式的说明，它是仿照有关柏拉图的数学说明完成的。按照柏拉图式的数学说明，数学知识可以经由感知或直觉获得一种柏拉图的数字范围。布朗主张自然律是宇宙之间的关系，思想实验能使我们获得关于自然律的新知识，它为我们提供了接近柏拉图范围的途径。例如，当一个物理学家建构了一个有

---

① Norton J. Thought experiments in Einstein's work//Horowitz T, Massey G J. Thought Experiments in Science and Philosophy. Savage: Rowman & Littlefield Publishers, 1991: 142.
② Irvine A D. On the nature of thought experiments in scientific Reasoning//Horowitz T, Massey G J. Thought Experiments in Science and Philosophy. Savage: Rowman & Littlefield Publishers, 1991: 158.

关物质表现的思想实验时,物理学家通过直接感知柏拉图的物质宇宙之间的关系就会获得知识。我们构建思想实验的过程实际上就是一个认知的过程。詹姆斯·布朗对思想实验的简单分类恰好体现了这一方面。他把思想实验分为两类:建设性的思想实验和破坏性的思想实验。他认为一个破坏性的思想实验是:"直接反对一个理论——破坏,或者至少指出严重的问题,在一般的框架内指出这个理论的缺陷。"① 建设性思想实验是:"任何建设性思想实验的责任在于确立的或想象的思想实验的现象。这种现象完全可以担当某些理论结论性的证明。"②

而认知科学中许多著名的思想实验都是破坏性的,比如,"色盲科学家玛丽"和塞尔的"中文屋论证"思想实验等。

在索伦森看来,由于真实实验没有发挥应有的作用,所以才产生了思想实验。他提到了无改进的实验,指的是没有获得想要结果的实验,特别是那些没能获得证据的实验。一般意义上讲,实验的目的是要回答一个问题,解决一些问题,而有些思想实验没有做到。例如,亚里士多德学派使用的具有思想实验特色的一系列论据,就没能得出想要的结论,用于说明地球是静止的。如果正如伽利略所主张的那样,地球自西向东旋转,地球不同于云和鸟的运动,应该像太阳一样以每小时一千英里③的速度由东向西运动。这样的旋转假设与从塔上直线下落的石头这样的事实显然是相矛盾的。如果地球正在旋转,石头应该落在塔的西边离塔较远的地方。亚里士多德学派通过运动的地球和一艘运动的船之间的类比解释这种结果。如果石头从船的桅杆上掉下,会落在后面,因为石头放开后船不断运动。这些没有发挥作用的实验,会促使人们利用另外的认知方式达到实验的目的。思想实验作为精简后的实验图景,为我们展现了可以充分想象的空间。

此外,古丁(D.Gooding)等主张,思想实验从字面上看是实验。他们承认常规的实验者操作了世界,而思想实验者操作了思想。"思想实验是通过简化普通实验发展而来的。这样革命性的过程开辟了一个结论——思想实验是实验的特殊情况,正如圆是椭圆的特殊情况一样。"④ 思想实验和真实实验共有的特征相

---

① Brown J R. The Laboratory of the Mind. London, New York: Routledge, 1991: 34.
② Brown J R. The Laboratory of the Mind. London, New York: Routledge, 1991: 45.
③ 1 英里(mi)=1.609344 千米(km)
④ Sorensen R A. Thought Experiments. New York: Oxford University Press, 1992: 186.

比,这个区别是无意义的,例如,真实实验和思想实验都能被用于证明理论的不足。思想实验从字面上看是思想和实验的结合,会很自然地得出思想实验是思想中的实验,它与真实实验在某些方面相似。"思想实验是实验"的主张归结起来只是研究思想实验和真实实验之间的相似之处。不过,也存在有这样的情况,真实实验包括了关于心理客体的操作,而思想实验不能。这种思想实验和真实实验之间的差别是不能忽视的。真实实验教给我们有关世界的知识,因为它们包括了与世界的相互作用。相比之下,思想实验会饱受争议,因为通过思想实验所获得的知识的来源并不清楚。关键在于思想实验是真实实验这个主张不能有助于解释由思想实验获得的知识的来源。当解释我们怎样从思想实验获得知识时,主张思想实验字面上是实验的那些人就以不同的方式补充了他们的说明。除了思想实验是实验的主张外,索伦森主张思想实验是悖论,它们相当于"一组各自似乎为真的不稳定的命题"[①]。如果把思想实验看作是一组命题的话,索伦森的说明也会造成诺顿基于论据说明的那种问题,即存在没有命题的形式。思想实验包括了"含有实际的或替代人证明实验的叙述结构,思想实验起作用是因为它们是对实践的解释过程"[②]。

5. 库珀的解释模型观

库珀把思想实验解释为建构可能世界的模型。在她看来,我们是不能把思想实验进行严格的分类的,只能依据所询问的问题来辨识。当我们不可能把思想实验分成哲学的和科学的思想实验时,我们只能基于思想实验所询问的问题进行分类。一些思想实验是要询问在假设的状态会发生什么,另一些询问我们怎样描述那种情形,还有其他人询问我们怎样来评价思想实验。一般来讲,我们可以用思想实验来回答不同类型的问题,但是面对与思想实验不一致的类型时,要回答它们的问题还是有困难的。这是因为,我们在考虑事物是怎样的,又怎样描述它们,怎样评价它们等,不同的心理过程都会起作用,因此对问题的解答会有偏差。我们的想象是通过我们怎样描述的情形来决定的,许多描述

---

① Sorensen R A. Thought Experiments. New York: Oxford University Press, 1992: 6.
② Gooding D. Experiment and the Making of Meaning. Dordrecht: Kluwer, 1990: 205.

早已是承载了判定的价值。基于这样的理解，库珀让我们来想象一个这样的情景：一个放火烧猫的小男孩。首先不会形成这样的图像，然后把他归入具有折磨倾向的案例里，认为他不会是一个好孩子。在某种程度上，他会想象一个残忍的孩子在折磨猫，然后是描述、评价等，慢慢地很多人会不由自主地进入假设的场景内。正如我们所描述和评价的，以及想象的，在不同类型的思想实验中，有些会涉及想象，有些会涉及另外的活动。思想实验呈现给我们一系列"要是……又怎样"的问题。例如，我们可能试图揭示如果没有摩擦力会发生什么，或者如果人像变形虫那样分裂会怎样。库珀认为，我们就是在实施一个思想实验的过程中，为了建构与回答"要是……又怎样"问题时，形成了如此这般的解释模型。在进一步就事件所做出说明时，实际上我们暂时调整了我们的世界观，"当我们回答'要是……又怎样'的问题时，我们预测假想实体的表现会以我们预测真实实体表现的类似方式来进行"[①]。

从库珀的这种说明来看，一旦我们有明确可以使用的规律时，完全可以想象某一类的实体会在我们幻想的情景中运作。比如，我们要预测最快的假想物质是怎样在重力的影响下降落的，其实是以我们所预测的下落最快的真实物质是如何下落的方式进行的，两者之间是有相似之处的。我们往往在利用方程式进行计算时会使用相似的值，并计算要预测的内容。由此物质是否是真的这个问题在真实世界与思想使用中都是一样的。再有，当我们在探究某些规律背后隐藏的知识时，也会借助想象试图有所收获。一般来讲，有些规律我们无法用日常的语言来描述，可是借助"要是……又怎样"模式加以探寻，我们会发现我们使用的一些概念恰好暗示了一些规律的某些特征。比如，我们时时刻刻接触到的"光"，从光的传播和光的特性可以知晓，光的部分意义包含着它走过的那个过程，即光速；还有我们使用的"铅笔"的部分意义是写字的工具。

库珀的解释模型的关键意义在于，回答了思想实验的"要是……又怎样"这样的问题，与她在其他的语境内回答"要是……又怎样"问题的过程是一样过程。也就是当一个思想实验者面对"要是…又怎样"的问题时，她试图以严

---

① Cooper R. Thought experiments. Metaphilosophy，2005，36：337.

格的方式回答，同时也不排斥所有改变其世界观的相关暗示，以及试图建构其所想象情景的连贯模型。对于严谨的思想实验者，他们试图回答的"要是……又怎样"的问题，是要把思想实验同白日梦等虚构的情况区分开来。思想实验者以"要是……又怎样"问题为开端提出了一个内在连贯的模型，建构或表征了一个可能的世界。库珀的说明实际上是把思想实验作为一种模型来看待的，只不过她的模型不同于纳塞瑟安（Nersessian）和米洛舍维奇（Miščevic）的模型，后者的模型是认知心理学家思考的特定的心理模型，牵涉到了对叙述事件的理解。

库珀认为，布朗的说明存在几个问题。首先，没有对怎样感知柏拉图式的宇宙进行说明。他尝试用感知物理客体的那种方式来反驳这种反对的理由，理解起来也是很蹩脚的。这些反对理由的力量是很有力的，这是因为它们是源于知识的因果论。知识的因果论主张，知识的必要条件是因果链，是与我们所主张了解的情况相关的。一旦我们把因果的知识理论同主张物理的或至少是时空的因果关系结合起来，我们就能排除获得柏拉图宇宙知识的可能性。另外，如果采用了指称的因果理论，同样的论据说明，指称不能形成任何可能存在的柏拉图式的宇宙。布朗需要更丰富的柏拉图式的范畴，他要求柏拉图的宇宙是与牛顿的旋转桶是一致的，例如，与系着伽利略物质的绳子一致。对此布朗可能并不赞同，他需要的是仅仅与基本物理规律一致的宇宙——因此，会存在质量和力，以及 $F=ma$ 的宇宙，而非桶和绳子。思想实验者通过讲一个系着的物体的质量关系来接近自然基本法则的范畴，布朗可能会说，一旦他们能接近，他们就会感知到质量和重力，而不是绳子。不过这是无法做到的，因为它不会与思想实验的想象完全一致。布朗对于思想实验的说明的优势在于，他解释了思想实验虚拟可视的本质，有时更容易从思想实验中得到结论。

思想实验可能在一些人看来是工具、方法，在另一些人看来会是论据、实验或是模型。事实上我们可以看出，如何使用和分析思想实验是因人而异，各有千秋的。在许多案例中，哲学和科学的作品只能以它们出版的期刊为基础来区分。此外，由于一些必然的非经验的特质，包含思想实验的作品特别可能倒向哲学和科学之间的边界。爱因斯坦-帕多尔斯基-罗森（EPR）悖论、薛定谔猫实验以及蒙骗（bilking）实验（思想实验要说明的是，如果有人能及时返回并杀死他的父亲，因果悖论就会出现），这些在物理评论中发现的案例，同样也可能出现在哲学的评论中。比如纽卡悖论，经济学家和哲学家同样都在讨论它，图灵测试和塞尔的"中文屋论证"思想实验，心理学家和哲学家都在分析。有时很难把科学同哲学区分开来，甚至很难把哲学的思想实验同科学的思想实验区分开来。在库珀看来，由于这个原因，对于那些包含了所有有关思想实验用法的说明，是哲学的还是科学的，是首先要考虑的问题。本书把思想实验看作是认知模型，对于该模型的讨论将在第六章进行深入的分析。

二、思想实验的功能

在大多数关于思想实验的研究中，研究者们最关心的无非是思想实验在不同领域、不同范围内发挥的作用和功能，以及它应用的价值所在。思想实验起作用是因为，在理想的状态下，我们思考的理论和所观察的结果相一致。当我们把真实实验所具有的关键部分（包括操作时的技能和执行能力在内）移植于思想的情境中时，思想实验就会起作用。

思想实验的功能可以概括为以下四点。

1. 解释功能

前面提到库珀认为思想实验是解释模型，其作用就是用思想实验来求解，达到解释某些现象的作用。量子力学中著名的"薛定谔猫"就是一个典型的例子，至今影响深远。哲学上的对身心关系的讨论从古至今从未间断过。为了解释心身关系，笛卡儿把心灵说成是通过松果腺来表达的体外实体。松果腺是位于脑中部的一个器官，它是人类独有的。笛卡儿认为，松果腺是灵魂的所在地，心灵在松果腺中产生各种运动，这些运动转而又在神经中，而后在身体产生运动，给身心的相互作用指定一个地点。尽管笛卡儿关于松果腺的这种提法从今天有关脑科学的研究成果来看是错误的，但他有关心身之间关系的争论影响到后来产生的很多理论。

在我们看来，无论是薛定谔的猫还是笛卡儿的松果腺都是在思想中构建了实验的模型，用以解释无法观测和操作的实验。大多数思想实验的构建都是为了帮助我们更好地理解事物究竟是什么，探究想象的情景，可以进一步解释某些理论存在的问题，推测未来事物及理论的进展与变化。

2. 反驳功能

思想实验的另一个主要目的就是推翻或论证原理论的错误之处，这样的话，思想实验就具有了反驳功能，如牛顿水桶实验。牛顿想象了其他空间中的一桶水。在一种状态中，水对于桶是静止的，水的表面是平静的；在第二种状态中，水与桶是一种相对的运动；在第三种状态中水与桶对于其他东西而言再一次处于静止，但是这一次水的表面是凹下去的。第一种和第三种状态之间的不同是什么？牛顿给出了下列的解释：在第三种状态中，水和桶在绝对空间中运动。因此绝对空间是存在的。马赫采用了一个相反的思想实验来反对牛顿水桶思想实验的解释。马赫认为，绝对空间解释了牛顿的思想实验中的现象，但却不能肯定现象本身。马赫设想了壁厚几千米的水桶，对牛顿的旋转水桶实验提出了巧妙的反驳。显然，人们永远不会去制造壁厚几千米的水桶，但这并不妨碍反驳的明确性：水的转动不是在绝对空间中转动，而是相对宇宙中的物质在旋转，没有其他物质在桶中的话，宇宙中水会沿着桶壁向上走，引起水沿着桶壁向上运动的水或桶的系统是相对运动而不是绝对空间，这充分说明了一切运动都是相对的。马赫的思想实验以明确直观的形式促使人们摆脱了绝对空间和绝对运动概念的束缚。

爱因斯坦提出的名为"光厘"的思想实验，主要是为了反驳哥本哈根学派关于通常意义下的准确性、因果性问题不复存在的观点。假设有一个装满辐射物质的匣子，其一侧有一个小洞，洞口有一块挡板，一个机械钟可以控制挡板的开关。当某一时刻洞门打开，放出一个光子。爱因斯坦论证说，光子跑出匣子的时间可以精确测出来，而光子的能量可以简单地通过匣子重量变化以及公式 $E=mc^2$ 而精确地测定，这样的话显然违背了测不准原理。爱因斯坦曾指出，一只钟如果沿重力方向发生位移,它的快慢会发生变化,这样,在光子跑出匣子的前后,由于匣子重量发生了变化,从而造成了钟表快慢的变化,这样,要在测量光子能量的同时准确测量粒子跑出的时间是根本不可能的。这一反驳实在是太妙了,结果使得爱因斯坦用来否定测不准原理的"光匣"反而变成了论证测不准原理的思想实验。实际上,当旧有的理论或者当下流行的观点有不合理的地方或是大多数人不能理解时,思想实验提供了这样一个平台,用以表明论证中的一些瑕疵,维护客观上所确立的事实,反驳某些看似合理的观点,从而形成新的认识。

3. 认知功能

一个好的思想实验就是一次探索性的认知过程,一个不合理的思想实验就可能是一次不合乎常识的论证。可见,主体对世界的认知具有明显的倾向性,或者说我们对把握世界之前,已置身于一个特定的环境中,在我们的潜意识中已经设置了正确或不正确理论所编织的看似极为合理的境域。事实上,即便是科学的认知也远不是那么客观,我们置身的无限宇宙既不是为了我们,也不是因为我们而存在的。显而易见,我们的科学理论在某种意义上是人建构的。既然理论是人建构的,那么我们在探求某一事物的本质以及某一问题的实质时,特别是在百思不得其解时,善于突破常规,建构一个充满了挑战的思想实验时,这样的认知过程就体现出认知方面的价值。比如,在探究经验是什么、知识的来源等问题时,思想实验给出的结果是令人深思的。我们知道的"色盲科学家玛丽"这个案例。科学家玛丽知道有关红色的一切知识,但她根本就没有色视觉,对她来说,世界就像一场黑白电影,红色对她而言到底是什么,怎样判定呢?这个例子想要说明的是,作为科学家的玛丽知道有关红色的物理性质,但是她并不知道红色是什么样子的。这样就出现了认知方面的问题,我们的内心所想与这个世界的物理描述是否一致,以及感觉的经验和主观的心理体验,事物的实在及表象之间的差别怎样判定。玛丽的例子告诉我们:知识不完全来源于经验或经验活动。换句话说,经验给予我们的未必是真知。我们知道有些科学实验是无法进行实际操作的,因此,借助思想实验可以弥补真实实验的缺陷,从而发挥认知的作用,对于想象世界尤是如此。

4. 预测功能

如果把思想实验看作一种论证似乎不是那么有说服力,那么在分析和评价思想实验时,详细地说明思想实验在哲学与科学中的应用价值,特别是使用什么样的标准来判断和评价一个思想实验就显得尤为重要。在自然科学中思想实验是很普遍的。例如,爱因斯坦面对如果世界沿着光速运动会是什么样的问题时陷入了沉思。物理学家常常会思考,较小的摩擦力下滚动的物体会怎样。在马赫形成的有关声的观点中,思想实验是先于真实实验的感性设计的,至少思想实验预料到了结果的可能性。尽管思想实验不能告诉我们最后答案,却能为我们提供最早预料到的答案,并帮助我们描述和分析存在的某种可能性。"如果实验得出了它的反面,在这样的状况下我们就会做出推断……"[1]思想实验以预测特殊的方式或其他的方式发挥作用。伽利略通过思想实验预测得出,在真空中的一切物体将以等速下落。在当时无法获得真空的条件下,伽利略通过思想实验与逻辑推理相结合的方法,预测了这样的结论。后来被第一个踏上月球的人阿姆斯特朗所证实。月球上是没有空气摩擦力的,当他在月球上把锤子和羽毛同时放下时,它们同时落在月球表面。这无疑向全世界表明了伽利略是正确的,同时也恰好说明了思想实验发挥了预测的功能。

不管思想实验的使用者出于什么样的目的,思想实验确实发挥了重要的启发式作用。我们已经看到曾经的那些思想实验随着科学探索的不断深入,印证了令人瞩目的理论和发现,特别是物理学,例如,光速不变性和爱因斯坦的相对论等重要的成就。就论证的目的而言,不仅加强了论证的效果,而且提出了令人惊讶的设想。索伦森认为:"一个思想实验就是无需实施就能达到其目的的实验。"[2]"思想实验常被哲学家和理论科学家普遍使用,当真正的实验在实践的

---

[1] Norton J. Thought experiments in Einstein's work//Horowitz T, Massey G J. Thought Experiments in Science and Philosophy. Savage: Rowman & Littlefield Publishers. 1991: 129.
[2] Sorensen R A. Thought Experiments. New York: Oxford University Press, 1992: 205.

操作过程中或者在理论的应用层面不可能实现时,可以通过想象,创设一个情景来检验某个假设。它设想对研究的内容做出各种状况的干预会产生什么样的结果,而不是真正实施这种干预,从而发挥想象来表明什么情况是可能的、什么情况是不可能的。"[1]思想实验是多种多样的,不同的思想实验会带来意想不到的效果。

概言之,应用思想实验的一般目的是为了反驳当前流行的一些现象或看法,包括校正那些错误的信息校正或改变那些错误的理解,阐明理论中存在的一些瑕疵,便于客观性地捍卫明确的事实;反驳一些允许存在的、禁止的、可以认识的、可相信的、可能的特殊的事物;预见或预知其他不确定的和不可知的未来;解释过去那些不确定的问题;追溯过去,进行逆推和设计;促进理论形成的可信度,完成策略的挑选,推动对当前未解决问题的进一步认识;提供更加有益且丰富的形象空间;检验过去时间内条件不成熟的情况下可能发生的事件的不同程度,以便在未来避免过去的失败;解决问题,提出观点和看法。

本 章 小 结

本章一开始就思想实验概念的来源进行了澄清,并追溯了该术语的历史渊源。为了说明什么是思想实验,什么不是思想实验,辨析了假说、假设、预设等易与思想实验混同的概念之间的差别,指出了它们之间不同的认知形式。在此基础上,提出思想实验的五种表现形式:非实际的可操作性、非现实情景再现性、情景的虚拟性、过程的似真性和展现的直接性。借助这样的表现形式,我们可以从其反面的视角做出对思想实验的判定。最后就思想实验在推理和预判的过程中的典型功能进行了阐释。

---

[1] Sorensen R A. Thought Experiments. New York: Oxford University Press, 1992: 205.

第二章

思想实验的认知理论基础

思想实验从目前的研究来看没有统一规范的定义，可它们确实在头脑中构想了认知的摹本，甚至在不同的语境内有所不同。我们可以从实验在头脑中如何展开这一点出发来进行研究，则会发现个别类似于思想实验的特殊情形在不同的认知层面上发挥了积极的作用。从较为宽泛的意义上来理解，这里所指的特殊情形指向那些具有思想实验雏形的实例，比如，笛卡儿的松果腺、洛克的心灵容器、休谟的联想原则、拉美特利的"人是机器"等，对于它们的分析旨在说明思想实验的认知理论基础。

第一节 笛卡儿的松果腺的认知本体（实体）观

从《西方哲学英汉对照词典》中我们能找到有关笛卡儿松果腺的解释。笛卡儿认为，心灵和肉体是在性质上完全不同的两个东西。那么，灵魂怎么能同整个身体有一种统一的关系呢？它们是怎样相互影响的呢？笛卡儿的回答是：灵魂并不将其功能直接作用于身体，而是通过松果腺来做到的。松果腺是位于脑中部的一个器官，它是人类独有的，松果腺是灵魂的所在地。笛卡儿认为，心灵是通过松果腺来表达的体外实体，在松果腺中产生各种运动，这些运动又在神经中，而后在身体上产生运动，这就给身心的相互作用指定了地点。首先，我们先把松果腺的功能放在一边，因为至今人们并没有完全了解。我们试着按照思想实验的模式对它进行分解说明。前面提到了思想实验的实验室是大脑，或按照布朗的说法是心灵的实验室。那么，松果腺就可以看作是实验室内的一种装置，通过这种装置，心灵与身体发生各种各样的联系，实现与外在世界的相互作用。从更宽泛的意义上来看，也可以说是物质世界和心智世界在松果腺内发生了交互作用。尽管笛卡儿关于松果腺的这种提法从今天有关脑科学的研究成果来看是错误的，并且它也不是心－物因果关系问题令人满意的解决办法。这样一个类似思想实验的实例使得笛卡儿的二元论具有了认知本体（实体）的含义。正如笛卡儿所指出的，"对于实体我们可以理解为无非是那样存在着的一个东西，以致它不需要任何其他东西就能存在"①。

这种实体二元论框架下的认知形式，使得我们在认识的过程中，有意无意会把一些意识、观念、直觉、映像等东西渗入到正在被认识的事物中。于是心智的一系列问题会通过感受性的处理方式表现出来。从本体论意义上讲，人的心智是独立存在的。主客观的分离并不能很好地认识事物本身，因为人处于一个事件中时，不可避免地夹杂了认识的偏差。诸如，普罗泰戈拉的名言——"人是万物的尺度"，人们认识事物从主观出发，肯定了事物的存在，但事物的对错、是非及本质也由人而定，这样往往会导致相对主义。笛卡儿的"我思故我在"，使人开始从心智的角度去思考外在世界怎样存在于人的认识之中，以及人的认识怎样来表征外部的世界。

第二节 洛克的心灵容器的认知结构

17世纪英国唯物主义哲学家洛克继承和发展了亚里士多德的理论，认为人出生时心灵像白纸或白板一样，人的一切观念和知识都是外界事物在白纸或白

---

① 笛卡儿．哲学原理．第一部分，第 51 节．转引自布宁，余纪元．西方哲学英汉对照词典．北京：人民出版社，2001：964．

板上留下的痕迹，最终都源于经验。这就是著名的白板说。白板仅仅是一个比喻，这个用语出自亚里士多德的《论灵魂》，亚里士多德说，灵魂像一块写字板，虽然它可以想象任何事物，可在灵魂具有思想之前，它实际上什么也没有。经验哲学广泛使用该用语来表达"理智中的东西无不首先在感觉中"这一基本思想。尽管洛克本人并未在《人类理智论》一书中采用这样的表述，他只是使用了其他一些相关的隐喻：心灵是一张白纸，或一间黑屋，或一间空室，但是白板这个用语还是与洛克联系在了一起，他的观点是，心灵在生前并没有任何天赋的道德原则和逻辑原则印在上面，在认识开始时，心灵是一个空的、被动的东西，即一个容器，它等待着来源于经验的观念。洛克立足于经验，使用人的心灵直觉来解释各种观念及其形成。

让我们还原洛克最初关于心灵的看法：心灵是一个容器，称其为心灵容器。既然把它看作了思想实验的案例，呈现的过程如下：

（1）实验室：心灵容器；

（2）实验的过程：观念的添加或删减；

（3）实验的结果：认识来源于经验。

如此逐步的分解可以看出，在洛克的心灵容器内逐渐添加了观念（idea）。这些观念的真假姑且不论，先看一下他对观念的阐释。洛克认为，人类所有的思想和观念都是来自人类感官经验或是感官经验的反映。他抛弃了笛卡儿等的天赋观念说，主张人的心灵开始时就像是一个什么也没装的容器，经验（即他所谓的观念）不断向它提供精神的内容。洛克的观念分为两种：感觉（sensation）的观念和反思（reflection）的观念。感觉来源于感官感受外部世界，而反思则来自心灵观察本身。与理性主义者不同的是，洛克强调这两种观念是知识的唯一来源。他把观念划分为简单观念和复杂观念，不过并没有提供合适的区分标准。我们唯一能感知的是简单观念，一个复杂观念的形成是源于许多简单观念。不论是简单观念还是复杂观念都会在心灵容器中产生，这里的心灵容器可以看作是认知结构。

一般意义上讲，认知包括通往知识的那些状况与过程。我们也清楚地看到，认知（cognition）不等同于知识（knowledge），也不等同于认识（know）。认知是一个更大的范畴，包含了前面我们提到的认知的本体、认知结构、认知表征过程、认知解释方法、认知规则、认知模型以及认知的推论。这里笔者仅从洛克的心灵容器中隐现的认知结构来分析讨论什么是认知结构（cognitives tructure）。心理学家假定每一个人的头脑中都存在认知结构，并推测认知结构可能是在语词、概念以及可能存在的心理实体、心理表象等要素之间的一系列大量复杂连接的联合。还有一些认知心理学家把认知结构看作是人关于现实世界的内在的编码系统，类似于把感知到的信息进行存储、加工以及推理活动的一种编程框架。依据这样的看法，当我们要阐明某个命题或对事物的某种描述时，大脑会进行系统化的运作，可能会对以往的知识进行梳理进而促进新知识的形成。按照认知心理学的观点，意义处于我们的认知结构中。认知学派的代表人物瑞士心理学家皮亚杰（J.Piaget）、美国的布鲁纳（J.S.Bruner）和奥萨贝尔（D.P.Ausubel）都强调了认知结构的重要性。他们一致认为，学习含有新材料或新经验和旧的材料或经验结为一体，这样形成一个内部知识结构，即认知结构。认知结构就是学习者头脑里的知识结构。广义地说，认知结构是学习者全部观念的内容和组织。狭义地说，认知结构则是学习者在某一知识领域内的观念的内容和组织。

许多认知心理学家使用"图式"这个概念作为认知结构的基本元素。存储在记忆中的知识可以用图式来表征，我们以图式的术语来组织我们的经验。图式是知识的主要部分，但是仅仅与限定的范围相关。图式也可以通过指称其他的图式来组成。如此看来，这样的图式与洛克的心灵容器是相通的。通过感知觉等器官形成了自我的经验内容，不断添加或删减、组织或建构认知的结构。如果所经历的完全与我们知道的不相关，我们不能吸纳它，我们需要理解两者之间彼此存在的状态，也就是说，要使用经历符合一贯的或一致的结构来处理新的经验，就可能会改变我们的理解结构。通过经验习得的信息有些是不同于以往经验的，认知结构和心理结构是不断改进的，不过不会是大幅度的改变。因此，当新信息不同于现有的信息时，是最容易学习的。以这种方式，要吸收新信息，需要有少量的容纳空间，小的容纳空间是为我们未来形成小的空间做准备的，以至于我们的认知结构和心理结构与我们的经验处于同一个并行的状态。按照这个方法，我们的确能形成与真实世界相关的表征，并且在理性的层面更合理地进行构造。

皮亚杰认为，"我们通过吸收和容纳过程获得的信息，然后组织获得的信息。这样的组织就构成了我们的认知结构。在认知结构中，有时新的范畴（图表）会产生，旧的范畴还会保留"①。在我们生活初期形成的概念，例如，太阳从东方升起，在天空中移动，然后在西方落下。在大多数情况下，我们这样思考太阳是很好的。我们意识到太阳在宇宙中处于相对固定的位置，地球绕着太阳转，这样一种思考方式留给我们的印象是，太阳是运动的。一旦我们遇到科学的解释，就会用新的范畴代替旧的。我们会把两种范畴都存储起来，根据不同的环境，进行不同的辨识和操作。在探索科学知识的环境下，思考是一回事，在平常的生活中又是另一回事。因此，我们的认知结构与天文学家在特定情况下的思考不同。即便如此，当我们进行思考时，在头脑中出现了一个住所，正如洛克的容器，给予经验以一定的空间，可能我们起初并不能鉴定出所经验的或经历的是否为真，是否合理，我们都会把这样的经历放入或写入头脑中的某个位置存储起来，要么经过科学的解释对旧的范畴进行重构、进行替换，要么两者处于积累的状态。美国信息加工心理学和人工智能的开创者西蒙（Herbert Alexander Simon，1916— ）认为，心灵叙述和解决复杂问题的能力与所解决问题的大小相比是微不足道的。问题的解决方法需要真实世界中客观理性的行为，乃至接近于这样的客观实在。首先是建构真实情景的一个简化模型，然后我们就会根据这个模型来合理地行动。为了预测其行为，我们需要理解这个简化模型的建构方法，因为它的结构肯定是与心理的特性相关的，如感觉、思维和像动物那样学习。也就是说，我们用有限的能力来处理世界放置在我们之前的信息，所以我们建构了实在的心理模型，并且凭借这样的模型进行思维和推理，而在你头脑中这样的模型就是你全部的认知结构。

然而，笔者在此强调的认知结构和人工智能中的"认知架构"（cognitive

---

① 皮亚杰.发生认识论原理.王宪钿等译.北京：商务印书馆，1985：104.

architecture)不同。后者与计算机和人工智能发展的关系是很密切的。"认知架构"这一概念的提出与人工智能专家纽威尔(Alan Newell)和西蒙相关。1972年,二者在尝试提出"一般问题的求解器"时出现了认知架构的概念。但是,"认知架构"这个术语显然是由安德森(Anderson)创造的。他提出了一个叫ACT[1]的理论,即认知架构理论。也就是说,操作活动基本原则的理论成为认知系统的一部分。而这个理论的目标是要形成一般的心灵理论,该理论包含了高层次认知操作,如解决问题、记忆、学习和语言。ACT不是一个计算机程序,而是各种程序模仿不同类型的认知操作内的框架。"ACT的表征包括形成(如果……那么……)规则和在它们组成术语的基础上,组成结构网络命题进而组成记忆。它的过程包括在网络中通过对节点传播激活(firing)规则和仔细搜寻记忆。"[2]认知架构包含低层次和高层次的操作,就是说对于一个事件和问题的求解在大脑内部的求解过程分成两个层次。但也存在认知架构为"平行分布处理"的观点。该观点强调以低层次来操作的简单过程单元的平行处理,它没有类似于认知构架理论那样的明确规则。尽管存在一些有趣的特殊模型,如语言学习方面的例子,但是由于平行分布处理没有模仿问题的求解、记忆统一的方案以及提出知识的获取,所以平行分布处理这种方法还没有构成一个认知架构,还没有人主张把逻辑演绎或者或然推理作为重要的处理过程。一些心理学家也提出了认知架构,也引导了认知研究的方向,但是一些哲学家偏爱逻辑者的方法,一些人工智能的研究者似乎认为这是不合理的。

从洛克的心灵容器到认知心理学家的认知结构,再到人工智能方面的认知架构,我们可以用下列的图式简述认知过程:

经验主义者洛克的心灵容器(经验的接纳与添加)
|
认知心理学者的认知结构(存储、组织、安排、分析、解释)
|
人工智能者的心理认知模型(输入、输出和人机模拟)

---

[1] act star,行动之星,认知架构理论。
[2] Thagard P. Conceptual Revolutions. Princeton:Princeton University Press,1992:127.

第三节　休谟的联想原则与认知方法

本章前两节讨论的认知本体、认知结构同认知方法（cognitive approach）是密切相关的。一提到认知方法，我们常常会联想到认知心理学。认知心理学正如它的名称暗含的那样，它揭示了通过认知方法可以处理类似记忆和问题求解这样的心理过程。除了认知心理学外，行为主义也算是一种认知方法。不过行为主义与认知心理学不同，认知心理学强调人的心理过程，而行为主义则在很大程度上忽视人的心理过程。

20 世纪初期的十几年里，认知方法是与行为主义的方法纠缠在一起的。例如，20 世纪的心理学家、新行为主义学派代表人物之一爱德华·托尔曼（Edward Tolman），他自称是一位行为主义者，他用老鼠形成的"认知地图"（cognitive map）使他成为认知的先驱。现在的认知方法已经超越了行为主义，成了当代心理学的主要方法。但是，无论行为主义还是认知主义，还是联结主义，它们的主要研究目的与心灵的内在机制都是密不可分的。那么，心灵是怎样来完成这些看似简单，实际又比较复杂的任务呢？这里不得不提到休谟的联想原则。

一、休谟的联想原则

休谟的联想原则实际上来源于他的观念联结（association of ideas）。按照《西方哲学英汉对照词典》的解释，观念联结这一观点用于说明我们心中观念的有规则的发生。人的心灵可以将各种不同的简单观念综合或结合成原先所不知的复杂观念。利用自然界中的万有引力原理类推，休谟认为，一个观念的呈现将把心灵引导到该观念的相关联系上来，心灵把各种观念连接起来要依据三个原则：相似，时间、地点上的接近和因果关系。休谟用它们说明心灵如何在想象中把思想统一起来完成全部复杂活动的。人类心灵的这种构造机制变成了"联想主义"的基础，但由于自身固有的问题，以及诸如"行为主义"等对立观点的批判，削弱了心灵的作用。"我们已经观察到，自然在特殊的观念之间建立了联系，而且一个观念一出现在我们的思想中，它借鉴柔和而不可觉察的运动引进它的相关观念，并使我们注意它。我们已将这些联系和联结的原则归为三种，即相似（resemblance）、接近（contiguity）和因果关系（causation）。"①

休谟所认为的三个基本的联想原则，即建立在不断联系基础上的接近、相似和因果关系，实际上就是一种联想主义，可以称其为联想的认知方法。联想主义的观点是"基本的心的内容与表征的联想足以说明复杂的心的状态和过程，因为后者可以分解为或还原为其联想的成分。因此任何用于解释心的现象的外部存在的假定都是不必要的"②。联想主义与心理学结合在一起，称之为联想主义心理学。联想主义是一种心理学纲领，它由哈特利提出，其现代的代表则是伯尔赫斯·弗雷德里克·斯金纳（B.F.Skinner）。不管在休谟那里还是心理学那里，我们都可以把联想看作是一种认知方法。那么，联想是如何产生的呢？联想的建立离不开感觉经验。感觉经验的获得离不开各种语境，语境中的视、听、说等的直观感受刺激了脑神经元，从而产生反应。或者说经验的感受性会产生经验的自觉性，形成经验的积淀。当感觉经验积累到一定程度，再次遇到曾经所见的事物时，会发生联想。例如，当你看电视时，第一次听到"杀马特"这个词，你首先会因为好奇而专注地听着电视中对这个词的解释，电视的图像刺激你的感官，会在大脑中产生"杀马特"为何物的印象。你会记住这个词是流行于美国20世纪70年代的朋克一族，留着怪异的发型，穿着古怪，喜欢自拍。形成这样的一个印象之后，偶尔有一天你在大街上看到了留着颜色各异、长短不齐的发型并且穿着古怪、行为怪异的这些人时，在你的大脑中会检索出相应的图像，与之相对照，借助联想的方式把这类人归于"杀马特"。像休谟这样典型的联想主义者主张心的表征具有可移动的成分和我猜想的联合的语义：关于一个房子的心的映像以关于房子的适当部分的心的映像作为其适当的组成部分。正如马赫所言："不管怎样，联想不仅是分析的基础，而且也是组合的基础。"③

---

① 布宁，余纪元.西方哲学英汉对照词典.北京：人民出版社，2001：85.
② 布宁，余纪元.西方哲学英汉对照词典.北京：人民出版社，2001：86.
③ 马赫.认识与谬误.李醒民译.北京：商务印书馆，2007：43.

二、认知方法的三个类型

1. 行为主义

随着行为主义的出现,联想这种认知方法受到新的挑战。心理学的目标仅仅是"如果有刺激物,要探知它们的数据和规则,心理学能预测出反应是什么,抑或是另一方面,如果有反应,能预测反应刺激的本质"[①]。在华生(J.B.Watson)看来,心理学关注的是经验规则,而不是解释理论。他极力主张"让我们自己限制要观察的事物,仅涉及那些事物形成的规则"[②]。心理学应该研究称之为习惯的学习行动,获得习惯的主要方法是俄国心理学家巴甫洛夫描述的条件反射。一个刺激会代表最初反射性反映的另一个东西,在巴甫洛夫的实验中,铃声代表食物并且引起唾液的分泌。行为主义心理学是不限制研究条件反射的。有影响的行为主义者斯金纳主张,对一个有机体内部心的状态的参考不是必需的,因为那些内部状态引起的行为能从引起它们的强化过程中直接进行推断。斯金纳使用的论证策略或多或少地假设了下列形式:如果 A 引起 B, B 引起 C, 那么,尽管 A 没有直接引起 C, 但是从 A 到 C 之间的预见性的推测是有道理的。像华生和斯金纳这样的行为主义者的解释,倾向于避免因果机制的假定,因此他们的解释缺少了结果成因的方面,也没有借助计算的类推法。行为主义者对于不同的现象,经常会重复运用同样简单的刺激和反应模式,他们解释的主要方面似乎是图解式的。正如当代认知心理学家福多(Jerry Fodor)所断言的那样:"认知科学和对人的行为的解释是密切相互交织的。"[③]他观察到认知理论试图把心的状态的内在特性同行为反应内的因果能力联系在一起。

2. 认知主义

认知主义是与行为主义不同的另外一种认知方法。这种心理学的理论诉诸

---

① Watson J. An attempted formulation of the science of behavior psychology. Psychological Review, 1917, 24: 327.
② Watson J. Behaviorism. Chicago: University of Chicago Press, 1959: 6.
③ Fodor J A. Methodological solipsism considered as a research strategy in cognitive science//Haugeland J. Mind Design. Cambridge: The MIT Press, 1981: 325.

大脑的信息处理状态来解释行为。认知主义的方法与常识心理学和内省主义的方法不同。认知心理学也常常会像行为主义那样严谨地操作受控实验。少数受控实验，要求主体在解决问题时自言自语，但是它们的口头报告不能作为与实际相符的心理观察，当内省主义那样做时，是因为心理处理理论能解释这些数据。常识心理学指人们对意向性的心的状态和外显行为的常识理解，比如，信念、欲求、想象等。常识心理学由一个假定的原则网络所支配，这些原则使我们具有解释和预测人类行为的能力。因此，常识心理学不是建立在受控实验或明确模型的基础之上的。认知主义主要描述人的心理结构和过程。因为一般人认为信念和欲望是与外部世界关联的"头脑中"的东西。但是计算机中表征的科学概念同人脑的一样远远超出了普通概念。人和计算机之间的比较出现了各种复杂表征的理论化。在人工智能中，两种最重要的知识结构是规则和框架或图式。心理学家在认知理论化的过程中，大量使用这些结构，以及其他大量的计算的观念：缓冲器、语义网络、启发式、处理的深度等。因此，在认知方法中存在很多概念，就常识心理学和内省主义，以及行为主义而言都是新的。认知主义并不否认像刺激、反应、操作性条件和强化这些行为的无用性。认知主义是接受条件反射的。心理学家罗伯特·瑞斯寇拉（Robert A.Rescorla）主张条件反射"包括事件之间各种关系的知识，为动物提供了比传统反射更具说服力且丰富的环境表征"[①]。心理学家不再假定赫尔对内在的刺激和反应干涉的可变因素，这些在认知主义者理论中，可以理解为内部表征的限定情况。

认知主义使用了信息处理器，把心灵和计算机联合在一起。而行为主义带来的最有意义的变化是，把人脑和计算机的分类都作为信息处理器。这种重构是形而上学的，同时具有科学的重要性。在计算机发展以前，行为主义使用二元论的唯心主义概念，暗示了二元论包含心与身之间的分离，心理和生理之间的分离，行为主义者用这样的指责来烦扰认知主义者。可能有些内省主义者确实把心理学看作是与自然科学不同的主体事件。然而却没有一个人否定计算机是物理实体：假如对它们的内部表征和过程的属性方法论上是允许的，那么就

---

① Rescorla R. Pavlovian conditioning: It's not what you think. American Psychologist, 1988, 43: 153.

会与大脑的表征和过程属性相一致。

在认知主义那里，思维仍被看作是一种心理活动，就理论目的而言，它也被看作是一种计算。而在常识心理学中，思维是一种心理活动。对于华生而言，思维被重新分类为反应和不出声的谈话。较弱的认知主义认为思维与计算相似，但是较强的认知主义主张思维就是计算。计算机制在认知主义中是非常重要的，类似于用计算机中发现的结构和过程来解释思维。认知主义者承认无意识的过程，但是并没有确立无意识理论和它的作用，如果有，那也是信息处理。把认知主义描述为一种方法，更多的是通过实验方法、计算机模拟和对心理结构和过程的假定，而不是描绘了一种具体的理论。当然，认知主义如果能得到一般的心灵理论，它们会喜欢这个普遍的心灵理论。像条件反射这样的行为主义的概念在很大程度上被纳入了认知主义，认知主义大大地制约了行为主义观念的解释范围。因为当认知主义拒斥许多行为主义的解释观点时，合并了行为主义的大量观点。

从认知主义的目的来看，它是要扬弃常识心理学，因为，至少从潜在的角度，合并了许多日常生活的简单解释的原理，同时增加了大量日常生活解释技巧的计算概念。但是认知主义并不是简单地增加常识心理学，偶尔会拒斥人们提供的不充分的解释。行为主义一直想借助原理的简单性来超越内省主义，认知主义则期望超越行为主义的一致性，以期触及所要解释事实的更大范围。

3. 联结主义

20世纪中期，人工智能兴起，随之出现了联结主义系统。联结主义借助大脑功能的计算机模型帮助我们理解大脑是如何操作的。这一理论将大脑看作是一个神经单元的网络。联结主义实际上就是信息加工，而信息加工是并行分布的，也就是说许多信息被同时加工，并且每一联结都对许多内容起作用。联结主义又被称为"并行分布加工"或"神经网络模型"。联结主义的哲学内涵在于，人类智力可以被理解为产生于大脑神经系统的整体结构。联结主义显然不是一种理论，我们可以把它描述为使用新颖概念的一种框架，能在认知者的方法内起作用的体系。联结主义是在精神上的认知主义者，因为它假定了心理表征和计算的过程，但是与以往的体系是不同的，它不仅支持分布式表征，而且还提出了一种新颖的表征，代替了用特殊符号和数据结构的表征。联结主义是一个重要的研究程序，它所提供的有关思维的新方法是与平行硬件中执行程序的新方法相同的。联结主义不仅在认知科学中被理解为一个重大发展，而且在促进心理学理论化的过程中也有着深刻的影响。保罗·丘奇兰德提出了联结主义更为基本的观点。他把联结主义看作是神经科学研究程序的计算部分，神经科学研究程序会不断地消除民间心理学和现行认知心理学的许多内容。

联结主义把大脑看作是能激活的大量节点的神经网络。这些节点能与其他的节点联结，依赖于它们激活的水平，这些节点会在其他节点激活的水平中增加或减少。联结主义的体系结构不同于传统的概念。一是联结主义的"大脑"能够并行处理，这意味着不仅是一串数据，信息或是知识可以同时被处理。传统的体系结构，如万能图灵机，只允许单一的数据串，信息或知识是被连续处理而不是被同时处理的。当然也能安排传统的机器同时处理数据，但是这样的机器保留了连续的处理器。此外，有并行处理能力的系统、心灵或者机器，肯定具有一定的优势。

联结主义方法的一个优势在于它能容纳这种可能性，即人的行为是或然的而不是因果条件不变的结果。因为在各种亚符号神经网络之间确立的联系不仅仅要依赖激活的水平，而且要依赖联结其他元素的倾向性，可能要特别证明接纳了赋有或然因果倾向性的字节。从这点来看，大脑是在各种系统刺激条件下（包括内部和外部刺激），确立了关系的神经倾向性的复杂排列，有意义的激活样本发挥了人行为的因果前件的作用。

第四节 拉美特利的"人是机器"与认知隐喻

拉美特利继承和发展了唯物主义经验论和笛卡儿的机械唯物主义，提出人是机器的观点。他认为人是一架极其精致、极其巧妙、能在地面上直立行走的机器。由于人与动物都是机器，所以两者没有本质的区别。人之所以高于动物就在于教育。拉美特利肯定笛卡儿只以物质的原因说明动物的观点，但不同意笛卡儿把动物看成是没有感觉能力的简单的自动机。他主张用有感觉、有精神的、活的机器这一新概念来说明人，认为人的身体状况毫无例外地决定人的心灵状况，人的机体组织则是类似钟表那样纯粹由物质的机械规律支配的自动机。拉美特利运用当时医学、生理学和解剖学的大量科学材料，论证人的心灵对人的机体组织特别是对人脑的依赖关系。比笛卡儿更进一步的地方在于，他把大脑看作精神或心灵的所在地。在他看来，外界对象刺激感觉器官中的神经，由神经腔中一种精细的物质"无精"将运动传入大脑，达到感觉中枢，感觉心灵在这里接受各种感觉。感觉能力是记忆、反省、想象、情感、判断、意志等心灵的其他各种活动的基础，脑部一旦出现了毛病，脑子和感官之间的通道就被堵塞，心灵的一切活动就会停止。他还承认机体组织的不同决定了人智力的不平等，认为天才人物和他们对其他人的教育决定了社会历史的发展。因此，他得出结论："人是一架机器；在整个宇宙中只存在这一个实体，只是它的形式有各种变化。"[1]人是机器这样生动的隐喻让我们在思想中体验到人是何种机器，在这个隐喻中所想象的场景，恰好与思想实验内在呈现的场景相似。据此我们会发现，思想实验与隐喻之间是有联系的。

隐喻对于大多数人来说并不陌生，在《西方哲学英汉对照词典》中有关于隐喻详细的解释。隐喻源于希腊词 metaphora，意指"转换""变化"，一种修辞格或文字组合法，用于指某种与其文字意思不符的表达式。譬如，"婴儿是朵花"是个隐喻，因为"花"从字面的意思上并非是写婴儿的。如果只有字面意思，那么所有隐喻就成为虚假的了。最上乘的隐喻通过表明某一词汇字面的意思与其所暗示的事物之间的相似性，来唤起一种符合词意的和构成新词意的内心反应。隐喻的作用也能涉及相异和相像。传统意义上，隐喻被视为一种言语修饰，它对话语认知的意义并不起什么作用。其他一些人则争辩说，隐喻以不可或缺的方式助益于话语的认知意义。因此，对隐喻的这种作用没有达成一致的看法。

---

[1] 拉美特利.人是机器.顾寿观译.北京：商务印书馆，1999：73.

认知语言学家拉考夫认为，隐喻（metaphor）不仅仅是一种语言现象，它更重要的是人的一种认知方式。它是人类将某一领域的经验用来说明和理解另一领域经验的一种认知活动。隐喻又称暗喻，它和明喻不同，不用"像"或"好像"这样的词来表现，而是进行隐藏比较的一种修辞手段，用一种事物暗喻另一种事物，表达方式为：A 是 B。隐喻一般会把其他事物的特征拿来用于当下的事物。隐喻的使用体现了知、体验、想象、理解、谈论此类事物的心理行为、语言行为和文化行为。拉美利特的"人是机器"恰好就是一种这样的隐喻。人实际上不是机器，但似乎人的一切行为就如同机器一样。按照强人工智能说法，心智与大脑的关系，就如同软件与硬件的关系。这样的认识和解释，无疑与认知相结合，也可以看作是一种认知隐喻。

隐喻是附在语言表面的认知现象，能够帮助解释许多不同的语言机制，例如词汇的意义分歧问题，构造意义分歧问题及历史变化。但是有时隐喻也表现在非语言的领域，如手势。这也是一种期待，因为隐喻是思维的一种方式，因而它构成了我们思想表达的每一种类型的基础。名词隐喻使用名词的方法，如我的女儿是天使；谓词隐喻使用动词，如狗飞过了后花园。有时隐喻从字面上看是虚假的，却是有效的。当一个骄傲的父亲说，我的女儿是天使，没有人相信她会长翅膀。但是隐喻无需在字面上呈现出虚假。相反的断言是，某人的女儿不是天使——即使字面上是真的，她也不会有翅膀。然而这不可能是说者的意图和意思，也不可能是听者的解释。在任何一个案例中，听者对说者意图的理解都会超出字面上的意思——听者意在理解其意。超越了字面意思的需要是否暗示了无条件的优先，隐喻标准的实用理论设想字面的意思首先总是计算的。在语境内有意义的字面意思是可选择的，它是隐喻意义的来源。如果是这样的话，不管字面的意思是否合理，隐喻的意义应该被忽略。但是人们不能忽略隐喻的一个原因是，隐喻的意义是有效的，它们能够被自动地处理，虽然没有必要这样去做。此外，隐喻与比较的字面表达式相比，理解上并不是很困难。这说明了字面意思没有优先性。隐喻的形式虽为 X 是 Y，却是通过理解明喻的形式那样来理解的。通过比较 X 与 Y 之间的特性可以了解明喻的优势。这样的观点受到了理论和经验基础这两方面的质疑。隐喻一般就是一种结论的形式，例如，理解"我的老板就是一条贪吃的蛇"比理解"我的老板像蛇"花费的时间要少。

当隐喻能提出一种比较时，它们主要是属性的（定语的）断言，不仅仅是一种表达。那么为什么会使用隐喻而不选择用两个或多个事物之间的比较所形成的字面表达呢？这主要是因为我们在某种情形下找不出一个更好的字面表达，有时借用一个范围描述另一个范围时比较困难，如果采用隐喻的话就会简单了。隐喻的思想往往较早地出现在认知和语音的发展中。使得以隐喻的思想和语言开始会早些出现在认知和语言的发展中。"两岁大的孩子使用和理解较为抽象的隐喻交流，例如，一个人的肩膀和山的肩膀一样。尽管复杂的隐喻使用与概念之间联系的复杂知识和类比推理中的能力相关。"[①]当儿童学会了在形象和字面语言之间做出区分时，他们会使用同样的心理机制来理解他们所要理解的，字面和非字面的理解是密切结合在一起共同发展的。"没有隐喻，科学什么都不是，正是依赖隐喻，理论得以建构，新概念得以产生，模型得以构思，它们的结构得以形成。"[②]

第五节　康德的超验自我与认知能力

哲学家常常使用思想实验来支持他们的论题。康德在《纯粹理性批判》一书的开始就指出，只要我们离开了既定的、由认识得到的知识和概念，会发现除了经验的直觉外，什么也没有留下。在康德看来，空间和时间是一种先验的直觉，这是因为他进一步就空间提出众所周知的形而上的和先验的阐述后，才提出有关时间的看法。即使是在所谓的形而上的阐释中，他给我们展示了一个句子式的论据，在每一个案例中，都喜欢邀请我们开始一个"思维实验"。空间是一个必要的和先验的表征，因为"我们从来都不能对我们所缺少的空间做出

---

① Gentner D. Structure-mapping: A theoretical framework for analogy. Cognitive Science, 1983, 7: 155-170.
② 罗姆·哈瑞. 认知科学哲学导论. 魏屹东译. 上海: 上海科技教育出版社, 2006: 228.

表征，尽管我们能很好地把它看作是空间里空的部分"①。在有关康德的文献中，我们了解到康德对时空所作的三种解释：心理学的、逻辑的和认识论的。比如，空间和时间直觉的模型不是形式，这是确实可信的，除非它们对于我们的空间或我们的感觉不是真的。康德这样的逻辑论证并不意味着给我们展示的是个完整意义上的思想实验，他是要我们跟着他来检验论证某些情况。对于康德来说，表征意味着直觉或思维，或者是对我们目前案例的想象，因为他要我们表现所缺少的东西，所以康德指出了下面四种命题：

（1）我们不能思考缺少的空间，正如我们能思考物体的空间的空一样。
（2）我们不能想象缺少的空间，正如我们能想象物体的空间。
（3）我们不能相信缺少的空间，正如我们能思考物体的空间。
（4）我们不能思考缺少的空间，正如我们能想象物体的空间。

对于这些可能性而言，第一个和第四个命题肯定不是康德断言的，因为他所持的观点是，我们能思考缺少的空间（对物体的思考），至于我们对于事物自身的思考，也有可能智力直觉的能力（尽管对我们而言并没有假定的）。然而我们不能想象这样空间的不存在，因为我们的想象受到认识条件的限制。第二个命题也是不成立的。依据康德的观点，"我们不能直觉（或想象到）空的空间，除非我们确实可以思考空的空间（如纯几何学内）"②。那么，康德立场肯定是第三个命题，也就是，尽管我们能认为空间是这样的（不思考空间内的物体），我们不能想象空间的缺少（而是不断地思考可感知的物体），在这两部分命题内借助了思想实验。从不同意义上使用的"表征"这个事实，预示着删掉了不对称性的论据。

解释康德这些命题的目的不仅仅是要强调康德使用了某种思想实验，而且要引起对诸如物体的空间，空间的物体这样的事实的注意。我们在很大程度上依赖于清楚地得到的"想象"与"思维"之间的关系，还有想象的实验和思想

---

① Mohanty J N. Method of imaginative variation in phenomenology//Horowitz T, Massey G J. Thought Experiments in Science and Philosophy. Savage：Rowman & Littlefield Publishers，1991：261.
② Mohanty J N. Method of imaginative variation in phenomenology//Horowitz T, Massey G J. Thought Experiments in Science and Philosophy. Savage：Rowman & Littlefield Publishers，1991：262.

实验之间的关系。一个思想实验不能错误地被认为是一个心理的复制品，重复的或是它所预期的恰好是一个物理实验。如果不实施或是先验地实施一个物理实验，那个实验者在他的心灵里详述实验步骤，那么他不是在做一个思想实验。他正在思考的可能是对一个物理实验的想象和回忆。一个真正的思想实验是有意义的，肯定是完全不能重复的一个过程，康德满足了这个要求。我们不能通过智力（依据他的理论）把起作用的因素同一个明确的认知实例分离开来，我们只能在思想中这样去做。

一个思想实验特别是真正的思想实验肯定不是对一个可能的物理实验的心理的展现或是心理参与的部分，也不是一系列的相似推理，即使是反事实的情况（如果 A 那么 B，如果 B 那么 C 等）也不例外。一个真正的思想实验肯定是经验的想象重构，或是实在进入虚构可能性的变化，是为了检验假设。在物理学的语境内使用时，思想实验这个术语实际上并没有任何的延展。在哲学中，一个真正的思想实验的规定肯定是完全不能复制的一个过程，既不能过分限制，也不能与日常的用法相矛盾。什么样的思想实验才是恰当的，似乎与其呈现的过程与哲学的意义无关，而与其求解的结果有关。

在康德哲学中，超验存在两种不同的意义。一是指那些可能超越可能经验界限的原理，包括在"先验辩证论"中所讨论的心理学的、宇宙论的和神学的观念。二是指超越可能经验界限而存在的物自体。康德也把它称为"超验实在"。当先验观念被认作是超验实在时，我们就得到的康德所说的"先验幻想"的东西。然而，"先验的"用法在这些行文中是含混的，因为"超验的"是康德精心用来与"先验的"相区别的，后者关心的是经验可能性的条件。胡塞尔（E.Husserl）主张意向性活动具有"内在的超验性"，于是这些活动就与并非作为意识内容的我们的意识对象联系起来了，海德格尔（M.Heidlegger）使用超验概念来描述人们对整体作为整体的经验，相对于身体的部分经验和对整体的部分经验。"我们把那些其应用完全先于可能经验界限内的原理命为'内在的'，另外把那些宣称超越这些界限的原理命之为'超验的'。"[①] 康德研究人类认知能

---

① 康德. 纯粹理性批判. A296. 转引自布宁，余纪元. 西方哲学英汉对照词典. 北京：人民出版社，2001：1010.

力，其实就是研究一切有限理性。换言之，有关感性和理性的区分，以及时空范畴等形式条件，并不仅是对于人类作为经验世界的一种生物的认知，而且在本质上有别于人类五官等知觉功能的研究，后者属于经验科学。康德的研究则是关于先验的认知条件，关于一切有限理性本身必须具备的认知能力。例如，有限理性者不一定有人类的五官，却必然地有感性和理性两种认知能力。其实，感性与理性的区分正是有限认知之所以为有限的根据。这种区分并不是一种关于人类物种的认知机能的经验判断，也不是透过对我这个经验个体（或对我的大脑的运作方式）的研究而获得的。它甚至不是任何事实判断，而是有限理性或思维本身的概念分析。康德对这些认知能力的论述并不同于一个正在进行认知活动的人之间存在直接的关系，而只是关注有限认知能力本身所具备的条件和所符合的要求。只有当我确认我在经验世界中存在和生活的个体按照一定规范进行思维活动时，这才是一个真正有关自我的认知。不过这种判断依靠内在的直觉，只有透过直觉我们才能确定自己当下的状态。超验认知并不指涉任何对象（包括作为对象的自我），而是有关认知的种种规范和条件。这些规范和条件固然有其内在统一性，但由此推说这些规范和条件都属于某一对象，或属于自我的某些本质是不恰当的。超验主体不是有统一性的对象，只是所有概念及其应用规范背后的一种形式上的统一性。康德认为，我们只可能有经验认知，而完全没有可作为超验哲学基础的自我认知。超验认知确实可被理解为一种涉身的先验认知，超验认知不是思维者的认知，而是思维结构的认知；超验的自我认知亦非自我的认知，而是认知的认知。

康德的四个空间命题的观点映射出思想实验在实施过程中的认知能力的问题。认知能力涵盖了认知控制，关于认知控制的研究也有了新的进展。美国华盛顿大学的认知控制与精神病理学实验室，重在研究人类怎样控制它们的思想和行为，以及如何打破这种控制。认知控制是许多高级功能的重要方面，如注意和工作记忆。此外，失去认知控制是许多精神病学疾病的主要组成部分，如精神分裂症。他们研究的终极目的是要理解认知控制怎样在大脑内出现并发挥作用的。如果说这样的研究在未来会有所成就的话，我们是可以借助该领域的结论来探究有关思想实验的认知能力问题的。

本 章 小 结

　　思想实验是不能简单地等同于思想的，它与认知是相关的。本章着重阐述的是思想实验的认知理论基础。以笛卡儿的松果腺为例来解释认知需要一个最为实在性的根基——认知的本体（实体）；以洛克的心灵容器为例说明认知是有结构和层次的，是不同于计算机的认知架构的；以休谟的联想原则为例探讨了认知的方法，这些方法是与行为主义等相关的；以拉美特利的"人是机器"为例阐述了认知同隐喻的关系；以康德的超验自我为例，探讨了认知能力。

第三章 科学史上的思想实验及其认知机制

在科学史特别是自然科学方面,思想实验的应用比较广泛。16～17 世纪、18～19 世纪和 20 世纪这三个重要历史时期,一些思想实验的使用曾对科学的发展产生过深刻的影响。

第一节 16～17 世纪的思想实验与认知推理

文艺复兴后的欧洲,从哥白尼在天文学领域掀起的革命风暴开始,近代科学在一场科学革命中孕育而生。科学巨匠伽利略和牛顿是近代物理学的先驱,在他们手中诞生的新物理学有别于亚里士多德的物理学。伽利略和牛顿在物理学理论的探索和实践过程中,曾借助思想实验的启发给予他们丰富的灵感,以此具有了认识潜在规律的能力。他们对于思想实验的应用为我们打开了一扇认知的大门,我们可以通过他们使用思想实验的背景来揭示思想实验内在的认知启示和认知判断。

一、伽利略的思想实验

无论是称之为思维实验或思想实验还是真实实验,它们都在科学史上有着重要的地位。特别是在物理学领域显得尤为突出。而这个时期的伽利略更是使用思想实验较为出名的科学家之一。我们知道实验的目的之一无疑是对所持假设或理论的实质进行探寻。伽利略曾说"实验对本质提出了一个问题"[①]。

(一)自由落体思想实验

为了说明重量不同的两个物体下落速度是一样的,伽利略设计了一个思想实验。

按照亚里士多德的说法,重(heavy)的物体比轻(light)的物体下落的速度快。伽利略想,如果我们把一重一轻的两个物体用绳子连起来,构成组合重量 $H+L$。此刻我们需要想象把轻与重的两个物体连接在一起会以怎样的速度下落。按照亚里士多德的看法,$H+L$ 应该比轻的物体 H 下落速度快,即,$H+L>H$。然而,依照同样的逻辑也可以说组合物体比轻的物体下落速度慢,由于轻的物体产生的拉力,导致 $H+L<H$。也就是说亚里士多德的推理会导致一种荒谬的结论。首先,轻球会下落的速度比重球慢(看作是一种情况),所以组合系统的下落速度会比单一的重的物体下落时的速度慢些($H>H+L$)。另外,组合系统比单一的重物体更重,所以它应该落得快些($H+L>H$)(图 3-1)。

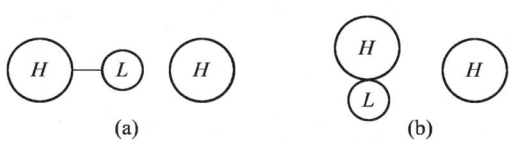

图 3-1 自由落体思想实验

这里出现了相悖的情况:

(1)图 3-1(a)组合系统的速度会比单一的重的物体下落时的速度慢些,即 $H>H+L$。

(2)图 3-1(b)组合系统比单个重的物体更重,所以它应该落得快些,即 $H+L>H$。

现在我们就有了这样一个荒谬的结论,即单一的重的物体的下落速度比起

---

① Sorensen R A. Thought Experiments. New York: Oxford University Press, 1992: 187.

更重一些的组合系统来说既是快的又是慢的。但是对于"哪一个落得快"这个问题的答案是一清二楚。唯有二者相等才能解决这个悖论,即它们都是以同样的速度下落的($H=L=H+L$)。

伽利略的论证说明:所有的物体,不管它们的重量如何都会以相同的速度下落。这完全与亚里士多德的观点,即重的物体比轻的物体落得快($H>L$)不同。因此,亚里士多德关于自由落体的理论被推翻了。

(二)斜面实验中的思想实验

在认识"运动和力的关系"方面人类经历了一个曲折且漫长的探索过程。关于力和运动的关系,历史上有两种对立的观点:亚里士多德认为,力是维持物体运动的原因;伽利略等认为,力是改变物体运动状态的原因。为了推翻这一根据生活经验和事物表象得出的错误观点,伽利略设计了一个理想状况下的斜面实验。他在有关惯性定律的实验中做了两个光滑的斜面,让小球从一面滚下并滚上另一面。通过改变斜面的角度,伽利略证明小球向上滚的高度与向下滚的高度几乎是一样的。如图3-2所示,减小右边的斜面的倾角,小球在这个斜面上仍然要达到原来的高度;两个对接的斜面,让小球沿一个斜面从静止滚下,小球将滚上另一个斜面;如果没有摩擦,小球将上升到原来释放时的高度;继续减小右边的斜面的倾角,最后使它成水平面,小球将沿水平面以恒定速度持续运动下去。

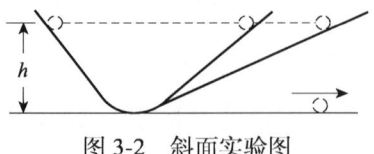

图 3-2 斜面实验图

实际情形的推理使他做了大胆的假想:如果右边的斜面做得相当完美,无摩擦的情况下会发生什么?伽利略的答案是,小球会以等速运动无限地以水平的方向运动下去,因为小球永远也不会恢复到最初的高度。如果我们把这个实验再向下分的话,就会发现这个极端的例子就是一个思想实验。但是我们也可以把它看作是一个混杂的实验：一部分是普通实验，一部分是思想实验。

伽利略的思考在某种程度上说明了思想实验的力量及其局限性。从好的一面来看，思想实验为我们指向了基本的自然律，即惯性定律。如果没有干扰，物体在静止中静止，在运动中的物体会以同样的速度沿直线不断地运动。从不好的一面来看，我们应该说明伽利略没有得到完全对的定律。伽利略对地心说持续地思考使他认为"水平面"是一个处处垂直于地球半径的面，此观点在另一个思想实验的讨论中是很明显的。该思想实验描述了一艘船，在风平浪静的大海上逐渐失去了阻力，设想无阻力的情况下，船会怎样？当船失去了所有的阻力时，它会围绕地球无限地航行下去。这样的观点与牛顿有所不同，伽利略认为圆周运动是不需要解释的，是因为惯性定律要求以直线运动，牛顿学说认为船自己的重量会阻止它以切线方向飞离地球。因此，伽利略想象在斜面试验中的球会绕着地球以一个巨大的圆运动，并不是直的，正如惯性定律所规定的那样。"伽利略愿意把惯性定律用于简化的形式。因为他意识到巨大圆周的一小部分几乎等于一条直线，所以他接受了近似的直线运动。"[1]

此外，为了驳斥亚里士多德学派用来说明地球是静止的一系列论据，伽利略使用思想实验做出了回应。正如伽利略所主张的，地球自西向东旋转，像云和鸟这样相互不隶属的事物应该同太阳一样，以每小时一千英里的速度由东向西运动。这种旋转的想象与从塔上直线下落的石头是相矛盾的。如果地球正在旋转，石头应该落在塔西边离塔较远的地方。亚里士多德学派通过运动的地球和一艘运动的船之间的类比解释这种结果。如果石头从船的桅杆上掉下，会落在后面，因为石头放开后船继续运动。1632年，伽利略《关于两大世界体系的对话》挑战了这个反事实的情况。他认为塔的论证和想象运行的船这样的思想实验都忽略了惯性定律，当一块石头从一艘船的桅杆上放开时，它会和船一样运动。这种运动蕴藏在它下落的过程中，所以它会与船同步前进并且落在桅杆的底部，而不是后部。同样，地球是运动着的，从它上面的塔上掉下的石头也会像塔那样运动并且也会落在塔的底部。伽利略还假想重力不会影响水平运动

---

[1] Sorensen R A. Thought Experiments. New York: Oxford University Press, 1992: 196.

的速度，这在当时是饱受争议的。直到 1640 年伽桑狄做了这个实验后澄清了伽利略受到的责难。

显然，伽利略的这些思想实验打破了原有的一些看法，形成了完全不同的观点。一个实验不仅仅是改变事物中的一种或多种可变化的情况，并且通过追溯他人对这种变化所做出的反应，寻求事物真实的本质。同时也是对这些可变情况之间关系问题的回答或提出问题的过程。为了获得其简单性，大多数思想实验都是围绕这两个可变情况设计的。这个时期科学中的思想实验呈现了类似真实实验所具有的模式的特点和功能，即检验一种理论和假设的性质，检验实验的操作和推理以及实验的认知目的。布朗把伽利略如此经典的思想实验称为破坏性的。"破坏性的思想实验是某种关于已有的理论的反证法。"[1] 通过对这些思想实验的思考，我们能够发现实验的暗示足以确立这个问题的意义。如果实验不可能操作的话，就要求实验者想象实验整个过程所包括的一些理想化的元素。

伽利略的思想实验暗含了从认知角度给予我们的启示。潜藏在大脑中的认识并不等同于认知，按照一般的哲学用法，"认知"包括通往知识的那些状况与过程。斯宾诺莎把认知划分了三个等级：第一类认知由第二手的意见、想象和从变幻不定的经验中来的认知组成，这种认知承认虚假；第二类认知是理性，它寻找现象的根本理由或原因，发现必然真理；第三类即最高级的认知是直觉认识，它从有关属性本质的恰当观念发展而来，达到对事物本质的恰当认识。从实验到思想实验的过渡其实体现的是一个实验者的认识角度，而不是设计本身中的任何的直接变化。当一个实验者注意到没有执行过程的价值包含认识转向的实验时，他会获得其他的坐享其成的方法，他会以同样的精神设计不执行的实验，即思想实验。更为具体地讲，当实验者提出通过假定而不是实施去操作一个真实实验时，我们的创新者会进入思想实验的领地，他可能会用一个革命性的跳跃形成这种过渡。而伽利略的这个思想实验展现了获得知识的过程，通过想象构建认识事物的模型，经过推理、分析和判断，推翻了旧的理论，揭示了事物内在的规律，符合斯宾诺莎对认

---

[1] Brown J R. The Laboratory of the Mind. London, New York: Routledge, 1991: 34.

知的三个等级的划分。

由此可见，主体对世界的认知具有明显的倾向性；认知是不能当下认识的，需要构建有效的认知桥梁，通往求真的彼岸。

二、牛顿的思想实验

牛顿的《自然哲学的数学原理》是科学史上的一部伟大著作。在这本书中，牛顿提出了著名的"水桶实验"，意在解释绝对运动和绝对空间的存在。

牛顿设想了一个水沿着桶壁向上运动，一桶水用绳子提起，然后使水桶快速旋转，在水和桶之间没有相对运动时，水的表面是平的；在水和桶之间有相对运动时，水的表面是凹的，水相对于地球而转。这个实验表明，水在静止时不管它是否与水桶有相对运动，水面都是平的；当水旋转时，不管它是否与水桶相对静止，水面都是凹型曲面。因此，与水面变形有关的加速度与水相对于桶的运动加速度无关，它必定与绝对空间有关。根据水面的平面或曲面，可以判定水相对于绝对空间是静止的或旋转的，凭借这个实验进一步证明了绝对空间的存在，同时也证明了绝对运动的存在，水面的变形运动就是一种绝对空间中的绝对运动（图3-3）。

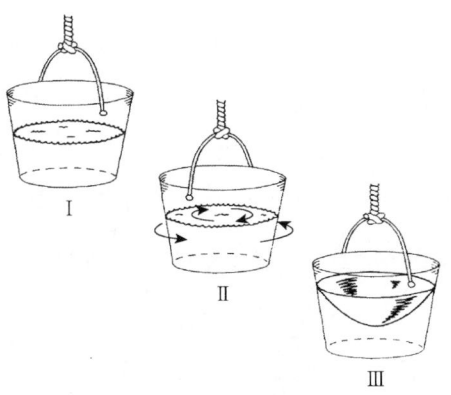

图 3-3 牛顿水桶实验[①]

布朗认为，牛顿水桶是一个猜测性的思想实验，我们以给定的理论为背景，

---

① Brown J R. The Laboratory of the Mind. London，New York：Routledge，1991：9.

思想实验的表现就像是新结论的"助产士"。这种思想实验的意义在于确立某些（实验性的思想）现象，然后我们假设一个理论来解释这种现象，促使我们对思想实验中所经历的事猜测出一种合理的解释。通过对思想实验的思考，得到并解释了三种现象：在水和桶之间没有相对的运动，水的表面是平的；在水和桶之间有相对运动，以及水和桶之间没有相对运动、水的表面是凹的。牛顿的解释是这样的：在第三种情况中，不同于第一种情况桶和水都是关于绝对空间的旋转，这种现象与第一种情况不同。

牛顿用思想实验来解释这些现象时推测了绝对空间的存在，而对牛顿绝对空间持批评态度的人，像贝克莱（George Berkeley）和马赫等，他们不会考虑对这种现象给出的解释，更为重要的是他们是否定现象本身的。也就是说，他们否定了如果没有其他物质在桶中的话，宇宙中的水会沿着桶壁向上走这样的看法。他们主张遥远的恒星是由惯性作用的，如果给星星一个推力那么星星就会沿着桶的周围旋转，我们就会看到水像在第三种情况中一样沿着边向上走。简而言之，在贝克莱和马赫看来，对于引起水沿着桶壁向上走的恒星而言，像水或桶这样的系统的相对运动不是绝对空间。思想实验证明的意义在于，它是否支持或者反对了争论中的假设及理论依赖于假想情景试图获得的推论。

从牛顿水桶实验可以判断得出通过思想实验获得知识的可能性，恰恰是思想实验同认知判断之间的联系为我们搭建了通往知识的桥梁。对于不熟悉认识论问题的人而言，这可能听起来有点奇怪。思想实验知识的来源除了思想实验本身之外还有别的吗？再者，如果给定了一种知识，认识论者也会追问知识的来源。思想实验带给我的这种知识是经验的还是理性的，可能会引起经验主义和理性主义之间的争论：尽管经验主义者把经验看作所有知识的最终基础，理性主义者认为理性在确定知识时比经验者给出的更重要。这个争论在当代的证明基本上由经验主义者承担：在调查研究中会把这种知识返回到经验。相比而言，理性主义者会在经验论者的分析内把自己限定在很小的范围内，即可能意想不到的境地或者是不可救药的地步。显然，不需要同意这样的知识是可能的，但是只要一个经验论者接受那种可能性，他似乎一定要找到某种方法把思想实验的知识回归到经验。诺顿形成了思想实验的知识来源问题，在他看来，物理学中的思想实验意在为我们提供关于物理世界的信息。因为它们是思想实验而不是物理实验，这种信息不是来源于新的经验数据的报告。因此，这样的信息出自仅有的非争议的来源：它是我们通过可以确认的论据已经得到的信息中引发而来的，尽管这个论据不可能在对思想实验说明的过程中被详细地安排。笔者认为对这种观点的选择主要是设想了思想实验为物理世界的知识提供了某些新的甚至神秘的路径。

与诺顿持不同看法的是布朗，他提出并且捍卫了理性主义的观点。通过物理学中实施一些思想实验，布朗声称通过一种"非感觉感知"思想实验明确指向了相关的自然律。"少数思想实验在破坏了旧的理论的同时又产生了新的理论，就是先验的，它们没有以新的经验证据为基础，逻辑上也不会只是来源于旧的数据。"[1] 按照麦卡利斯特（Mcallister）的看法，布朗提出的这种观点是一种实验的观点。相比而言，诺顿的观点就是一种论据的观点。思想实验常常不会被认为是直白的论据，它们中的许多似乎是实验而非论据。在诺顿看来，思想实验就是包含了与普遍结论不相关细节的论据。因此，一个好的思想实验得到的任何结论都会通过一个不包含这些细节的论据得以证明，但这些论据却不是一个思想实验。这样的思想实验从现在所表现出的情况出发，确立了非常明确的或者是具体的未来情景，一步步地思考必要的细节和场景，加上适当的想象，从当下推论到未来，获得合理的推测和判断。这里的推测和判断属于认知的范畴。认知判断可以用来对所描述的事物和系统在可能的情境下，特别是自我发现的不同语境内，对各种事态与行为的总结，为系统提供具体概念内容的完整说明。在此过程中会涉及事物的变化及人的行为表现，可能结果的出现会对人的心理产生影响，例如，假设事件会影响到个人的认知，甚至会触及到他们的心灵。

---

[1] Brown J R. The Laboratory of the Mind. London, New York: Routledge, 1991: 77.

第二节 18～19世纪的思想实验与认知启示

18～19世纪的科学在各个领域都有着不同凡响的进展，特别是电学、热力学、生物学、天文学方面更为突出。在这些领域中有许多思想实验影响深远。

一、法拉第圆盘实验

法拉第在发现电磁感应现象以后，设计了圆盘发电机：把一个铜盘放在一个大的马蹄形磁铁的两极中间，铜盘的轴和边缘各引出一根导线同电流计相连，构成闭合回路。当铜盘旋转的时候，电流计指示出回路中有电流产生。圆盘实验促使法拉第对电磁现象展开深入的思考。

在法拉第以前，人们已经知道了许多物理作用力不是通过直接接触实现的，如牛顿的万有引力、电流之间的磁作用力等。牛顿本人相信引力是即时作用的，既不需要传播媒介，也不需要时间，是一种超距作用。法拉第不同意这种超距作用观，在他看来，电磁作用需要媒介传递。他反对电、磁之间超距作用的说法，他设想了带电体、磁体或电流周围空间存在一种从电或磁激发出来的物质，它们无所不在，是一种像以太那样的连续介质，起到传递电力、磁力的媒介作用。他把这些看不见、摸不着的介质称为电场、磁场。他还凭借着惊人的想象力和流体力学中的流场类比，提出了场的概念和力线的图像。

法拉第关于磁场和磁力线的发现借助了思想实验。从反对超距作用观开始，他改变了以往的看法，能够在思想中设想随意变化而不改变其结果，将观察和设想相结合，得到了重要的概念。正如马赫所言："实验产生思想，思想进而与实验再次比较并被修正，这样便产生了新概念，如此反复不已。"因此，我们可以看出，思想实验有时是先于实验的。每个成功的思想实验在它的设计中体现了有关世界的或是某个客体潜在的先验知识，这些信息的存在在这样的实验中本身是没有问题的，更多在于思想实验的论证作用，是为了对所建构的情景假想进行探究、探索、修正。因为那些更多的无争议的观察资料和定义涉及的经验信息是由思想实验来支撑的。在一个思想实验的发展和确立之内，设计所需要的大量补充的论据,是为了使得审视该思想实验的人确信,论证内所需的某种理论或现象可以暂且被看作存在的可能,在那些论据之前,可以忽视或质疑它们,也可以修改和修正以前构想的施加于思想实验的信息。思想实验和真实实验之间有明显的相似之处,思想实验在一种非常特殊的意义上是真实的。目前,思想实验主要是由理论引导的,这说明思想实验更接近于理论而不是世界,甚至能够使真实实验得以改良。因此,设计用于思想实验的那些概念与理论内的那些是完全匹配的,由思想实验模拟的真实实验的操作过程,恰好也是我们所处的世界不具备的,是在它们所探究的尽可能理想化的理论模型和近似理论内表现的。思想实验的设计者采用了认知假想的策略,很自然地向我们展现了可能存在的情形,拉近了理论和世界之间的关系。

二、麦克斯韦妖实验

麦克斯韦不仅推动了有关热的分子运动理论,同时他也是热统计动力学的倡导者,麦克斯韦指出,气体就是高速自由运动中分子的集合,控制着气体的基本规律就是牛顿力学。一个成功的统计理论的必要条件之一是热动力学第二定律,即在熵的交换中肯定是相同的或是增长的,不可能出现递减的情况。也就是说,热不会从冷的物体传向热的物体。麦克斯韦针对热力学第二定律提出了一个反例,即他设计的"妖"思想实验,来说明熵的递减是可能的,即热能从冷的物体传递到热的物体。"妖"控制着连接两个容器(一个是热的,另一个是冷的)的门。两个容器中的分子的平均速度是不同的,这样的话,冷的空间中有一些快速运动的分子,"妖"会让这些高速运动的分子进入热的空间,让运动慢的分子从热的空间进入冷的空间。借助这种方式热会从冷的容器传向热的容器,因此分子的平均速度在热的空间中提高了,在冷的空间则下降了。我们可以想象连接在一起的两个隔开的容器中有两种气体,一个容器中是热气体,另一个容器中是冷气体。在两个容器之间有一小阀门,还有一个能控制小阀门的聪明的生物(图3-4)。

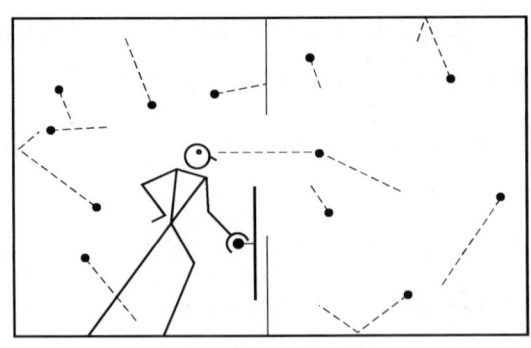

图 3-4 麦克斯韦妖演示图

按照热力学第二定律，热的气体必定流向冷的气体，最终达到热平衡。然而，麦克斯韦设计的这个小生物会在这时候发挥作用，它会让快速运动的分子从冷气体进入热的容器中并使运动慢的分子从热气体进入冷的容器里。结果会增加热容器中分子的平均速度，减少冷容器中分子的平均速度，这就使得热气体更热，冷气体更冷。显然这种使热气体更热，冷气体更冷的做法违背了经典热动力学第二定律。

尽管该实验没能在实际操作中得到想要的结论，然而却使科学家在探索和扩展我们未知的知识方面，提供了想象的空间。针对该实验，我们会沿着麦克斯韦的思路继续探寻，为什么不能实现熵的减少，在什么样的情况下熵的递减是可能的。这样的问题一直伴随着人类的思考。随着信息论的发展和人造分子机的出现，麦克斯韦妖实验想要的结果得到了回应。可是只要一个系统是开放的，并且给予妖能量的话，就会出现熵递减的情况。为了避免引起不必要的混乱，麦克斯韦设计的妖是合理的，他以一种理性的方式操作，尝试破坏熵的增加。物理学家用理论工具证明这个妖的不可能性，从而保持这个定律的有效性。

麦克斯韦妖思想实验使得我们敢于不断地提出看似荒谬的假设，敢于突破已有的思维定式，凸显了利用非一般直觉的特点。麦克斯韦妖这类实验可以算作是由认知假设得出的思想实验，它利用了具体已知的热力学第二定律来推测可能的情况。这类与认知假设相关的思想实验可能说明了理论的反直觉的方面，从而使得理论更引人入胜。该思想实验的运作就像几何中的图形证明，有助于我们理解公式推理，这在揭示形式证明方面可能是最基本的。

反过来，我们也能发现这样设计的思想实验体现了人类认知特有的一个方面，就是假设的使用。它们是这样展开的：思想实验形成了对有关真实客体世界的一组假设-演绎的思考，依靠有效的可参考的某种理论（原理或看法），得出了相关猜测性的观点或结论，而不是科学理论中某些超自然的力量、魔力和其他令人感到迷惑的东西。思想实验减少了对理论的参考，指出了某种理论内部的一种矛盾、不一致性或者是不完整性。

第三节　20世纪的思想实验与认知建模

与19世纪的科学一样，20世纪的科学发展突飞猛进。只不过20世纪的科学更加高深，更加远离了我们日常生活经验的构想，如量子力学和相对论等方面的内容是不易使人理解的。但恰好是在这些领域中思想实验使用的频率是较高的，而爱因斯坦等的思想实验就显得尤为突出。

一、爱因斯坦的思想实验

1. 追光实验

思想实验不只是对自然过程的再现，而是要澄清一些理论问题的特征和变化。用马赫的术语来说，是找出有趣特征的过程。思想实验常常会使用限定的案例，它不仅利用了典型事物最突出的特征，而且思想实验的建构者试图借助这种方法来想象或再现实验，以便减少实验错误在真实实验中出现的次数。爱因斯坦的追光实验就是一个很好的例子。

爱因斯坦光速不变原理最初的想法起源于他的一个理想实验，即思想实验。当时的爱因斯坦还是个中学生，他从科普读物中了解到光以每秒30万公里的极高速度飞行。"我想到这样一个问题：倘使一个人以光速跟着光波跑，那么他就处在一个不随时间而改变的波场之中。但看来不会有这种事情，这是同狭义相对论有关的第一个朴素的理想实验。"[①] 关于光速的这个著名的思想实验，他是这

---

① 许良英，范岱年编译. 爱因斯坦文集. 第一卷. 北京：商务印书馆，1970：53.

样描述的：

"如果我追赶速度 c（在真空中的光速）的一束光，我应该静止地观察到这样一束光像空间振动的电磁场。然而，无论是以经验的基础还是根据麦克斯韦方程似乎没有这样的事物。"①

该思想实验的目的是观察光波的性质，使用这种灵活的变化是为了提高观察者的速度以便接近光波的速度。然而，麦克斯韦方程表明真空中的电磁波肯定有一个限定的速度 c。可观察的波似乎是静止的，这就与麦克斯韦方程相矛盾。表面上看就是违背的原理显然是麦克斯韦方程，然而这个问题却是难解的。正如爱因斯坦的解释："观察者的这种立场的判断，根据同一律，事物可能会发生，相对于地球而言，观察者是静止的。"基础的物理学定律在固有的参考体系中肯定是同一的。由于该思想实验违背了这一基本原理，观察者可能会假想与那个速度一样大的一个速度肯定是不正确的。正如爱因斯坦所说，狭义相对论的种子已经包含在了这个思想实验中了。

我们可以把爱因斯坦的例子分成下列几部分：

命题：假设光速为 c。

对假设的观察：我观察到的这样一束光就像静止的空间振动（oscillatory）的电磁场。

结论：做出推理——没有这样的可以追上光束 c 的事物。

与叙述故事相符的结构是无关紧要的，因为最后的说明严格意义上讲不是最初的说明。这种初始的状态就是演绎推理，体现的认知建模形式为：

初始状态（时间的推移）→大脑的构想（演绎和归纳推理）→提出模型→结论（验证和分析）→最后呈现出的状态（判断合理性）

爱因斯坦关于光束的思想实验是启发性和建设性的，这与伽利略关于自由落体思想实验的结论性证明不同。前者开启了狭义相对论的萌芽，最终会提出光速不变、时间与空间具有相对效应方面的理论，后者是要使许多人拒绝亚里士多德关于惯性的理论。在追光实验中，爱因斯坦发现，光不存在相对速度，

---

① 许良英，范岱年编译. 爱因斯坦文集. 第一卷. 北京：商务印书馆，1970：53.

光速永远为 c（30 万公里/秒）。即使我们能以 30 万公里/秒的速度与光并行（当然，这几乎是不可能的，因为一个物体若以光速前进，它的静止质量必须为零）。我们测量到的光速依然是 30 万公里/秒，因此，我们永远不可能看到静止的光波，追随光线运动的"我们"所看到的是相对于地球是静止的观察者所看到的。当我们行进得越快，我们的时间就会变得越慢，而且尺子也收缩得越短，甚至我们的思维速度也在同步变慢，这使我们无论何时测量光速所得的结果总是相同的。因此，我们必须抛弃经典物理学的绝对时空观。这个追光实验从一开始的好奇心，到后来的假想、推测，再到大胆的推理，此时的想象场景已不再是简简单单的叙述，而是在奇妙的幻想中孕育着深刻的自然规律。

2. 磁体和导体实验

诺顿在《爱因斯坦工作中的思想实验》（Thought experiments in Einsein's work）一文中提到了爱因斯坦的思想实验。爱因斯坦最著名的思想实验出现在他 1905 年相对论论文的开头部分，该思想实验是要处理电磁感应现象。它假设了决定绝对静止状态的以太，没有以太理论似乎是不可能操作的。例如，这种理论限定了真空中的光速是个常数，每秒 186 000 英里，发射物的速度是不受控制的。如果没有绝对静止的状态，同时还没有测量光速的方法，那么怎样才能巧妙地得出结论呢？爱因斯坦尝试用思想实验建立没有绝对静止状态的电动力学。他思考了相对运动中的磁铁和导体。在第一种情况中，磁铁是绝对静止的，导体是运动的。运动的导体穿过磁场在导体内产生了电动势形成了可测量的电流。第二种情况是同样的磁铁和结构完全一样的导体是就它们的相对位置和相对速度而言的，然而在这种情况中导体是绝对静止的，磁铁是运动的。经典理论说明第二种情况与第一种情况不同。磁铁的运动导致了一个交替产生变化的电场，变化的电场产生了可变化的磁场。电场在与第一种情况中相同大小的导体中产生了电流。根据理论，我们可以用"某种明确力量"形成的电场将两种情况区分开来。而对于观察者所关注的内容——导体中可测量的电流来看，在这两种情况中是难以区分电流变化的，所以观察的人只

对相对速度敏感,而理论只对绝对速度敏感,爱因斯坦指出:

"这段中的例子连同试图发现地球相对于光传播的任何运动的尝试都表明电动力学的现象还有机械学现象没有符合绝对静止观的属性。"①

3. 爱因斯坦电梯

爱因斯坦的电梯实验是众所周知的思想实验,设想了一个配备有物理实验室的电梯。如果电梯停在楼房的底层,那么实验将向站着的人揭示引力的存在。例如,倘使我们用弹簧把一个重物系到电梯的天花板上,那么重物将向下拉伸弹簧。接着设想我们乘电梯到楼顶并让它自由下落。在自由下落的电梯里,没有察觉到引力。弹簧未被拉伸,因为弹簧总是以与电梯的其余部分相同的速率下落的,即使速度可能正在发生变化。假如我们乘电梯到远离地球引力场的太空,所发生的情况也是这样的。因此,引力不存在的状态看起来很像作为对引力回应的自由下落状态。此外,设想我们的电梯在太空中(引力所及的范围之外),但是还有与它连接在一起的火箭。点燃的火箭能使电梯加速。在自由的外层空间没有上下之分,但是让我们假定,火箭这样连接,致使电梯可以在与先前相反的方向及向着天花板的方向加速。对于弹簧来说,加速度是重物在相对于电梯相反的方向上运动,从而朝向地板拉伸弹簧(这就像车辆突然加速时发生的情况——乘客的头被向后推)。因此会发生弹簧在引力场中向下拉伸的情况。如果电梯持续加速,那么弹簧依旧会被拉伸,仿佛它没有加速,而是处于引力场中。爱因斯坦认为,这些情况并非仅仅类似,而是完全无法区分的。这个实验关系到电梯在地球表面自由落体的情况,地球的引力场在这个实验中消失了。爱因斯坦进一步指出,在电梯实验中,那位实验物理学家不仅通过力学现象得不到引力存在的迹象,而且通过其他任何物理实验都不能得到引力存在的迹象。这就是说,在电梯的参照系中,引力被完全消除了。电梯中的实验物理学家既不可能通过物理现象来判断电梯外面是否存在一个地球这样的引力作用源,也不能测量出自己的电梯是否在做加速运动。这就像伽利略设计的萨尔

---

① Einstein A. On the Electrodynamics of Moving Bodies. Körper J Annalen Derphysik,1905,16(2):97-139.

维阿蒂大船,船里的观察者无法通过物理现象判断大船是否运动一样。通过电梯思想实验,爱因斯坦发现了引力的最重要的特性:可以在任何一个局部范围内找到一个参照系,使其中的引力作用被全部消除。引力的这一特性是物理学中其他力都没有的。因为电磁力、粒子间的强相互作用力和弱相互作用力,都是不可能用选择适当参照系的方法完全消除的。

爱因斯坦电梯思想实验抽象出广义相对论的一个重要原理,即等效性原理:一个相对于惯性系做匀加速运动的非惯性系与存在引力场等效。有了等效性原理这座桥梁,爱因斯坦就能够顺利地把相对性原理从惯性系推广到非惯性系,即推广到任意参照系,于是广义相对论的建立有了关键性的突破。

狭义相对论重新确立了匀速运动的相对性,根据它,所有参照物的惯性体系本身是不能分辨的,我们不可避免地把一些看作是"静止的",接着爱因斯坦把运动的相对性延伸到加速度方面。使这个任务变得困难的事实是用惯性的力量很容易观察并辨别加速度参照系和惯性参照系。例如,牛顿用这些力在他水桶的思想实验中区分了绝对旋转与相对旋转。

1907年,匀加速度参照系的惯性场以完全相同的同质引力场的方式影响了测试体的运动,这给爱因斯坦留下了深刻的印象。他猜想,存在伴有惯性场的匀加速度体系的精确的物理等量和与同质引力场相符合的非加速度体系,所以现在就能把加速度体系当作是非加速度体系。全部的猜想就是等效原理。形成了令人吃惊的结论。在狭义相对论中,同样加速度体系下,静止的时钟会以不同的速度走,光会沿着弯曲的轨道运动,因此可以得出引力场肯定会对静止的时钟和光的传播产生同样的效果。

爱因斯坦出于对引力场会对静止的时钟和光的传播产生同样效果进行辩护,他又建构了一个思想实验:想象了一个偏离引力场的不透明的空盒子。在盒子上加一根绳子,某个东西在盒子上拉动使得盒子以均匀的加速度运动。盒子内的观察者会看到在盒子中所有的物体都以相等的加速度下落,如果盒子在同质的引力场是静止的,那么它们的运动就很难区别,随后爱因斯坦假定这两种情况完全等同。诺顿就该思想实验进行了论据重组,更详细地进行了一次论证,得到下面的推理：

（1）在一个不透明的盒子里，观察者会看到自由体同样运动，可能盒子在引力场自由空间中是匀加速度运动的，并且可能这个盒子在同质引力场中是静止的。

（2）推导的步骤：这种情况是典型的并且适用于所有可观察的现象；盒子的外表和观察者不必是等量的。

（3）所以，在引力场的自由空间里，对于匀加速度体系和同质引力场中静止的体系感觉是完全一样的，但是理论上是有区别的。

（4）这违反了理论建构可证实的启发式法。

（5）所以，在自由空间中，引力的匀加速度体系和引力场的静止的体系是一样的（这形成了对一个新理论的猜想）。

诺顿形成了几点看法：第一，推导的步骤（2）虽然很成问题，但却被思想实验这样的模式有效地遮盖了。特别是对于所得的结果而言，物体的自由落体运动到任意活动的延伸是一个飞跃。甚至盒子不透明性是没有必要的，简直就具有挑战性。与爱因斯坦同时代的人，为了反驳他的论证采用了一种方法就是主张引力场总会有源头，而惯性场却从来没有。因此，在思考场的源头时，观察者会观察到两种情况中的等量关系，然而这些等量是不能通过检测获得的。

4. 光子箱

在1930年10月第六届索尔维会议上，爱因斯坦主动出击试图从能量和时间这一对变量的测量上来批驳测不准原理，为此他以"光子箱"的思想实验为例。该思想实验是这样的：想象一个箱子，上面有一个小孔，并有一道可以控制其开关的快门，箱子里面有若干个光子。假设快门可以控制地足够好，而且每次打开的时间足够短，就可以做到每次只允许一个光子从箱子里飞到外面，因为时间极短，Δt足够小。那么现在箱子里少了一个光子，它轻了那么一点点，这可以用一个理想的弹簧秤测量出来。假如轻了Δm，那就可知飞出去的光子重

Δm，根据相对论的质能方程 $E=mc^2$，可以精确地算出箱子内部减少的能量 ΔE。也就是说，能量可以通过重量的变化来测量。只要测出光子释放前后整个箱子重量的变化，就可以根据相对论的质能转化公式 $E=mc^2$ 计算出来，箱内少了一个光子，能量相应地减少，能量减少值可以精确测定。这样，时间间隔和能量减少值都可以同时精确测定，于是证明了测不准原理不能成立。但是这个思想实验后来被玻尔所反驳。

我们可以从爱因斯坦的这些思想实验中发现，思想实验建构了三种认知模式：论据证明模式、仿真实验推理模式和论据同实验兼容的认知模式。

1）论据证明模式

这一认知模式主要是把思想实验作为证明一个理论或假设的论据，发挥论据的证明作用或功能。诺顿把对思想实验的说明建立在了假想的基础之上，即纯粹的思想不能幻想得到知识，或许也远离了逻辑真理。完全纯粹的思想确实传递了我们已经知道的知识。思想实验就是能传递现有知识的一种途径。对于诺顿而言，有效传递的唯一方法是演绎或者是归纳论证。因此，他得到了他想要说明的核心论点：思想实验就是论据。正如我们前面提到的诺顿对爱因斯坦思想实验的重构作为就是论据的。诺顿认为所有的思想实验都是论据，并依此可以重构它们。或许也存在思想实验不能重构为一个论据这样的情况，这可能是因为思想实验涉及某些可接受性的、归纳的技巧，或者归因于设计时仅仅是启发式的。像尼古拉斯、布鲁克和布朗等人也认同思想实验就是论据，说思想实验为论据也有其道理，因为按照一般的论点、论据和论证的命题模式，我们可以在思想实验框架下进行合理思考和逻辑推理。

2）仿真实验推理模式

比舍普（Bishop）在《思想实验的认识作用》（An epistemological role for thought experiments）一文中，反对诺顿把思想实验作为论据的看法，并提出了一个有趣的观点。他讨论了"盒子里钟表的细节"，指出爱因斯坦面对玻尔把反例用于测不准原理时，进行了错误的尝试。在比舍普看来，盒子里钟表的细节说明了思想实验肯定不是论据。

对于为什么思想实验这样的概念恰好不能说明盒子里钟表的细节,玻尔和爱因斯坦分析了另一个思想实验(盒子里的钟表)而不是提出了明确的论据,该论据是一个带有矛盾结论的论据。形式相似的思想实验独自具有的特征也是不同的,如果思想实验是论据,那么,思想实验的形式和特征之间的区分就应该根据论据的形式和特征来判断,因此,说思想实验是论据,还是成问题的。爱因斯坦和玻尔各自提出了不同形式的论据,他们的论据得出了有矛盾的结论。由此可见,"所以思想实验的形式不能等同于论据的形式"①。就盒子里的钟表的思想实验需要说明盒子里的钟表细节意味着什么而言,要么爱因斯坦和玻尔仅仅处理了一个论据形式或思想实验的形式,要么他们二人都处理了两个论据或两个思想实验的形式。这些观点没有一个是合理的,究其原因,一方面是爱因斯坦主张盒子里的钟表抨击了测不准原理,另一方面,玻尔表明他没有那样做。从事实来看,这是不难理解的,两个思想实验(一个由爱因斯坦实施,另一个由玻尔实施)共同面对的一件事就是情景的布置。比如,最初假想的情景:一个装满光子的盒子,在另一侧墙上有一个快门装置,开启它的时候,光子就会跑出来。然而,爱因斯坦和玻尔二人的思想实验在解决方法或者在结束那个最初假想时的情景方面是不一样的。爱因斯坦得出的理由是:①我们在光子逃离的前后称了那个盒子的重量;②重量的改变使我们得到了光子的重量;③有了光子的质量可以用 $E=mc^2$ 得到;④光子的能量。相比之下,玻尔指出那个带有重量的盒子会涉及重力场内盒子里钟表的运动,这就说明了存在一些很不确定的情况限制了盒子中的钟表装置测量光子重量的准确性。所以,我们要想支持论据来反对测不准原理的话,其前提就是预先构想这样一个思想实验。没有了思想实验,爱因斯坦不能想象或者对所有的相关因素进行说明。当玻尔用一个反例来反驳爱因斯坦就测不准原理所思考的思想实验时,他成功准确地找出了解决和结束最初假想情景中构成的不同状况。"正如我们有一个成功的和不成功的论据,我们就会有一个成功和不成功的思想实验。"②虽然这样,我们也可以

---

① Bishop M A. An epistemological role for thought experiments. Poznan Studies in the Philosophy of the Sciences and the Humanities, 1998, 63: 22-23.
② Bishop M A. An epistemological role for thought experiments. Poznan Studies in the Philosophy of the Sciences and the Humanities, 1998, 63: 22.

在另外一种意义上处理一个论据或思想实验的形式。尽管爱因斯坦的思想实验使玻尔很苦恼，但是玻尔对此思想实验进行了成功的反击，清楚解释了爱因斯坦的思想实验中忽视的要素。爱因斯坦和玻尔的思想实验共同之处在于设计了与争论理论相关的假想情景，所以存在关于实验设计的共识，在这种意义上，我们只能说我们面对了一种设计独特的思想实验，且在"心灵的实验室"中实施；另一个层面上，两者也处理了不同形式的论据，因为爱因斯坦和玻尔两者清楚地假定了存在的情况，完成了对最初假想情景的解决。由此，无论是爱因斯坦还是玻尔的思想实验可以都算是解决问题的一种策略，只是在思想实验内部分有了真实实验的构成条件和要素，即模拟、实施、推演了实验的整个过程，展现在我们脑海中的情形恰好是仿真实验的一种模式。

3）论据同实验兼容的认知模式。

事实上，要想完全彻底地把思想实验分成论据式的或是实验式的认知模式，并不是一件简单的事。因为思想实验有时兼容了这两种情况，论据和实验是兼容的。根特大学的提姆（Tim de Mey）在《思想实验的双重性》（The dual nature view of thought experiments）一文中提出了思想实验有双重性质的看法，即思想实验是论据模式，同时也是实验模式。之所以这样看，他认为像盒子里的钟表这样的思想实验有着双重的结构。首先包含了对假想情景的描述和对假想情景的解决过程以及对结论的描述；其次思想实验之间的相同之处和不同之处在假想的基础上是一致的；最后，假想的情景描述不能保证达成一致的共识，但在实验操作解决的过程中可以形成共识。他就"证明的意义"做了区分，"只要争论中的对手同意了假想的情景，赞同或者反对争论中的假设或理论，一个带有双重结构的思想实验就获得证明的意义"[①]。所以，在这个意义上思想实验就是像真实实验那样，实验的目的是要检验具体的假设或者理论。我们知道，在设计思想实验之前存在共识条件，也就是对争论中的假设或理论持有赞同或反对的那些看法，思想实验的结论是要对此作出回应的。思想实验的意义在于体现赞同或反对争论中的假设或理论谁更具有合理性，这与假想情景试图获得的结果

---

① de Mey T, Weber E. Explanation and thought experiments in history. History and Theory, 2003, 42（1）: 35.

相关。任何思想实验者在探索并意在得出什么会形成时，可能会出现几种不同的情况：要么是成功的，要么是不成功的，也可能没有出现想要的结果。由此，我们可以看出，思想实验在某种程度上有部分是论据的，有部分是实验的。有时带有类似一般实验结论的理解和说明，只要对思想实验过程的理解说明了对论据支持的情况，那么就能得出所讨论的思想实验，既是论据的又是实验的模式。

二、薛定谔猫思想实验

1935年，奥地利物理学家薛定谔在其论文《量子力学的现状》中描述了这样一个思想实验（图3-5）：

图3-5　薛定谔猫

"把一只猫关在一个匣子里，匣子里有一片放射性材料，它可以放出亚原子粒子，也可以不放。如果它放出亚原子粒子，盖革计数器就会启动匣内的毒气装置，放出毒气，从而使猫死亡。按照量子力学，猫、毒气和装置形成了状态的叠加，原子处在衰变/不衰变的叠加状态，因为原子的状态是不确定，所以猫的状态也不确定，只有当我们打开箱子观察时，才能最终定论，要么猫已经死了，要么猫还活着。然而盒子里的猫在打开之前是怎样的呢？猫可能会向原子一样处于叠加状态，除非进行一次测量和观察，这意味着匣子里的猫是死是活是不能确定的。从这种意义上说，猫介于生或死之间的混合状态。"①

薛定谔想通过这种思想实验的方式举例说明，我们整个世界都带有这种不确定的因素。尽管使用量子力学理论可以用来真实地描述我们日常生活中的现实世界，但是量子理论很少适用于现实中的宏观世界，而且人们很难以理解这门复杂的学科。该思想实验说明用日常语言来想象量子不确定性是很困难的，而薛定谔用猫建构的这一个思想实验不仅仅使量子力学的基本原理变得浅显易懂，而且也说明了无论是宏观世界还是微观世界都是不确定的。在薛定谔猫思想实验中的科学家只要他们放弃了他们关于微观世界怎样运作的传统直觉，他们就会接受它的不确定性。换言之，量子力学与人们的直觉是不相符的。迄今为止，有些物理学家仍在质疑这个思想实验，猫是否能够知道匣子里发生了什么，有没有粒子的存在。对于在当时看来，这是一个无法操作的实验，直到1996年才有几位科学家用"量子鼠"②进行了实验，这只量子鼠可以在不开箱的情况下对薛定谔猫做检测，研究人员的结论表明，微观世界向宏观世界过渡的同时，量子物理也在渐渐地向经典物理靠拢。观察的体系越庞大，在两种状态，如生与死之间的不定态的寿命就越短。我们不管猫的命运会怎样，却能通过这个虚构的实验，大致了解难以理解的量子力学。

薛定谔猫思想实验表现的认知形式为：

未知的（不确定的）事物—想象的情景—经验的论证—实际的验证。

由此可见，我们能够构建认知的途径，因为我们在认识世界的过程中，确实存在着许多不确定的因素。对于世界中存在的大量的未知事物，有待揭示并通过有效的手段，借助有效的工具来认知。对这些未知、模糊且不确定的世界进行的测量，会转变成我们习以为常的确定可知的世界，我们是否能够进行合理有效的论证却需要很长的时间和不断地实践。

---

① Schrödinger E. The present situation in quantum mechanics//Wheeler J, Zurek W. Quantum Theory and Measurement. Princeton：Princeton University Press，1935：157.
② 一台遵循量子物理学定律的测量仪器。

本 章 小 结

本章提到不同历史时期思想实验的典型案例，意在说明科学中的那些思想实验的认知机制。在当时的科学条件和历史背景下，对不同时期的思想实验的讨论旨在得出它们在认知推理、认知启示、认知判断及认知建模方面的机制。特别是物理学方面的思想实验，它们体现了三种与认知相关的模式，即论据证明模式、仿真实验推理模式和论据实验兼容模式。这三种认知机制的模式在处理假想情景的理论选择过程中是常见的。如果把思想实验纯粹论据化，或思想实验纯粹实验化，都是不恰当的。因为在一个完整的思想实验的语境内，思想实验者会采用许多不同类型的论据，论据在某种意义上会支持思想实验。如果我们把思想实验作为真实实验来对待的话，又缺少了真实实验所具备的构成要件和实施的必要充分条件，这样也是不可行的。概言之，思想实验的认知机制借助仿真实验语境中的条件和推理模式，依据所创设的各种各样的论据来完成逻辑分析和预判，这种对客观世界进行的尝试和探索无疑是可行的。

第四章

认知科学中思想实验的认知机制

从认知科学的分支来看，认知科学的成长与发展利用了计算机科学、人工智能、认知语言学、认知心理学、发展心理学和进化心理学，以及社会生物学相整合的资源。布鲁克说："思想实验可以看作是哲学对认知科学所做贡献的关键因素之一。"[①]可见，在认知科学的发展过程中，思想实验的出现和使用与认知科学的相关学科有着密切的关系。比如，在人工智能中有符号系统和联结主义、塞尔的中文屋思想实验；在脑科学中有黑箱之喻；在认知心理学中有巴特利特（F.C.Bartlett）的图式理论（schema theory）和明斯基（M.Minsky）的认知图式等，它们都是以抽象的思维和合理的想象展现在我们面前的。

第一节 人工智能与思想实验

到目前为止，人工智能领域的研究已经走过了几十年，该领域的研究进展在计算机科学中仍属最难也最令人期待的。1956年，计算机科学家约翰·麦卡锡（John McCarthy）在一次研讨会上首次提出了"人工智能"（artificial

---

① Brook A. Does philosophy offer cognitive science distinctive methods? Proceedings of the 21st Annual Conference of the Cognitive Science Society. New York：IEA，1999：102.

intelligence，AI）一词，此后人工智能逐渐发展为一门学科。可以说人工智能是20世纪最令人瞩目的成就之一，它的发展引起了人们极大的兴趣。早在20世纪40年代初，很多不同领域的学者，如数学家、心理学家、经济学家、工程师等开始讨论建设人工大脑的可能性。在英国著名数学物理学家彭罗斯（Roger Penrose）看来，人工智能的"目标是用机器，通常为电子仪器，尽可能地模拟人的精神活动，并且最终在某些方面改善或超出人的能力。"[①]这种观点在现在看来似乎已经过时，因为在科学技术飞速发展的今天，高级计算机和智能机器的出现，使得人工智能研究的范围不断扩展。在这里笔者重在阐述人工智能中与思想实验相关的内容，如符号系统、联结主义等。

一、符号系统假说的认知功能

这里的物理符号系统，实际上指的是物理符号系统假说（physical symbol system hypothesis），它是认知心理学建立和发展的重要理论基础，是由卡内基梅隆大学的两位有影响的计算机科学家纽威尔和西蒙在1976年提出的。他们认为一个物理符号系统的符号操作功能主要是：输入符号、输出符号、储存符号、复制符号、建立符号结构及确定符号之间的关系。据此我们发现，一个系统如果能表现出智能的话，就一定能执行上述功能；如果一个系统具有这些功能，那么它一定具有智能。知识的基本元素是符号，智能的基础依赖于知识，研究方法则是用计算机软件和心理学方法从宏观上进行人脑功能的模拟。根据这个假说，我们似乎可以推导出以下结论：

（1）人是有智能的，因此人是一个物理符号系统。

（2）计算机是一个物理符号系统，因此它肯定具有智能。

（3）计算机能模拟人，或者说能模拟人的大脑功能。

如果思考的东西被理解为某种特殊的机器，解决这个问题的方法就可能出现了。纽威尔和西蒙认为最好把思维的东西看作是物理符号系统，如同特殊的

---

① 罗杰·彭罗斯.皇帝新脑.许明贤，吴忠超译.长沙：湖南科学技术出版社，2007：12.

图灵机（或自动的形式系统），能操作符号。提到物理符号系统需要对图灵机做一个简短的说明，以便更好地理解这样一个符号系统是怎样操作思维的，或者说是怎样体现思维的认知功能——计算的整合功能。

早在1935年，图灵就开始构思一台抽象的机器——理论上的万能机器，并定义了"计算"的逻辑基础。这个计算机具有一定数量的状态——S_1，S_2，S_3，…，S_n，通过周期性地由一个状态转入另一个状态来操作。在操作的过程中，它与一个划分成小方块的无限长的纸带相互作用。机器一次扫描一个方块并且可以"读"或"写"某些东西。它还可以把所写的东西擦掉。而且它还可以一次将纸带向左或向右移动一个方块。当它达到某一点并完成其任务时，它会自己停下来。因此，有可能对机器的每一步给出一个完整的描述。这种最初的计算机器被称为"图灵机"（Turing machine），这种机器是一种想象的、能计算任何严格可定义的计算过程或算法的计算机，它按照事先设计好的指令或步骤把信息从一种形式转换为另一种形式，用于推理、计算或发现意义等，使用图灵测验来探讨机器是否能够思维。实际上，图灵机的基本概念是相当简单的。由机械组成的装置执行了四种操作，即做出标记，改动标记，把纸向前推动，把纸向后推，从而实现了记忆的功能。机器提供的是构成做什么的程序（什么时候标记，什么时候不标记等），形式上就符合了一台图灵机。我们将开始的标记看作是"输入"，执行这一程序时，将保留的标记看作是"输出"。两个标记是相邻的区域，例如，具体的程序能使机器标记另外三个区域，加在一起就是五个（或许由于2加3得5）。这样就出现了"特殊用途"机器和"一般用途"机器之间的不同。在一套指令的基础上设计用于操作的图灵机就是"特殊用途"的机器。而万能图灵机是能模拟具有对应程序的那种进行特殊用途操作的机器。因为它们拥有图灵机拥有的程序，万能图灵机就是"一般用途"的机器而不是"特殊用途"的机器。万能图灵机吸引人的特征尽管在设计上不复杂，然而却恰好拥有了巨大的计算力。伟大的形式逻辑学家丘奇（Alonzo Church）证明一台万能的图灵机有足够的能力来模拟任何形式系统，这里的"形式系统"是由任意元素的集组成的并且执行操作的（这些关于元素的操作完全依赖于它们的形式特性)。你所熟悉的形式系统包括数学的分支,涵盖了代数、几何等方面的内容。

现代数字机和万能图灵机的不同是设计的问题而不是能量的问题。尽管它们能够探究一套大量的基础操作,可是普林斯顿大学心理系杰出的认知心理学教授菲力普·约翰逊－莱尔德(Philip Johnson-Laird)注意到新型的数字计算机是能计算的,万能图灵机也能计算。根本的意义在于万能图灵机详细论述了可计算的边界,而它们不能解决的问题不是计算的问题。

像约翰·豪格兰德(John Haugeland)这样当代哲学家已经发现这些结论是令人兴奋的,主要是因为心灵可能会是像万能图灵机一样的计算装置。如果是这种情况的话,计算理论就会定义思想的边界,因为所有的思想将会是可计算的。这种看法激发了整个认知科学团体的巨大热情,因为它提供了有关心灵本质的统一概念。

在纽威尔和西蒙理论的语境内,符号就是作为另一种实体的元素出现的样本,他们称之为表达(或者符号结构)。符号结构就是由许多以某种物理方式叙述的符号实例组成的,这样的符号与另外的相连。当这些表达更像是形成它们的词和句子时,纽威尔和西蒙的符号就像是日常语言字母表的字母,如英语的那些字母。对这种系统更具描述性的名称是"表达-过程"(或字符串的操作)系统。因此,不管我们称它们为"物理符号系统"、"自动化形式系统"还是"万能图灵机",最终只会形成极小的差别。纽威尔和西蒙的立场在于物理符号系统概念的细节问题少于能够促使他们进步的理论。他们认为物理符号系统是成为智能的充分必要条件。也就是说,是智能的东西就是物理符号系统,是物理符号的东西就会有智能。这样的话就出现这样一种情况,你和我是有智能的话,那么我们(他们)是属于这一类事物的。

纽威尔和西蒙的方法可以和笛卡儿的方法相比较。尽管他们关注的是"智力",笛卡儿关注的是"思想",但是两者都倾向于弄懂思维是什么。再者,从这点来看,纽威尔和西蒙的理论似乎比笛卡儿的更具包容性。部分诉求是前提,可以用于无生命的机器,同样也可以用于人类。他们提出了一种可能性的展望:

无生命的机器和人一样是思维的东西,笛卡儿并没有得出这样的结论。笛卡儿把意识的思想同大脑的物质肉体进行了分离。他的这种二元论影响了西方科学几个世纪,而到了今天才被大多数神经科学家所证伪。可以说,笛卡儿的二元论是曾经流行的具有魔力且独特的信念。

与笛卡儿同时代的人威利斯(Thomas Willis)常常被看作是神经病学之父,他第一个提议大脑不仅仅是心灵的所在之地,而且大脑不同的部分导致了特殊的认知功能。特别是在过去的几十年内,先进的技术将大脑运作时的情况拍成了照片,能够回忆起一张名人脸的地方与回想起你朋友的地方是不同的神经路线。认知功能肯定不会固定在大脑的某个点,就像地图上的某个城镇那样日益清晰。规定的心理任务可能会涉及路线的复杂网络,它会与大脑的其他部分进行不同程度的相互作用,不像是机器中的部件,更像是交响乐团的乐器结合着高音、音响,回荡产生了特殊的音乐效果。

符号系统与笛卡儿哲学相比,它潜在的成就是方法论问题。对笛卡儿的理论的唯一可能性的检测似乎是通过我思的方法实现的。如果纽威尔和西蒙的说明能用其他的演绎推理进行检测——制造一些机器,可能在对思考之物追寻过程中采用的用以区分经验探究(如观察和实验)的方法。在认知研究中,能利用经验科学的方法,实现认知的计算整合功能。在这一点上,我们可以把认知看作是一个符号系统,不过认知不仅仅是符号系统的操作。如果认知不只是符号系统的操作,那么,操作符号系统的事物就是有待认知的事物;假使这样的认知符号系统具有了思考(计算整合)的功能,那么思维的符号系统就是能够操作认知符号系统的事物;如果认知的能力不只是操作符号的能力,那么,符号系统就具有了计算整合的认知功能。思维之物的存在可能接受认知功能的直接检测。如果认知功能不只是操作符号的能力,那么,对操作符号进行检测的能力是认知功能中的一种情况,所有的认知就是可计算整合的,计算整合的认知功能与图灵机、自动化形式系统和物理符号系统的观念,连同理解自然语言涉及的操作符号系统的能力的观点,以及图灵检测提供的思维之物存在的检测就紧密结合在一起。

从宽泛的意义上来讲,"符号系统"这个术语体现了两个不同的层次:其一,符号系统就是一个单纯的符号系统,通过使用某种物理方式来处理符号,符号结构本身不具有任何认知表征的内容;其二,我们把符号系统定义为有能力的操作各种符号的系统。第一层的意思就是说符号系统就像是由许多语词所组成的语言一样;第二层的意思在于符号系统就像是语言的使用者。然而在第一层意义上有多少"符号系统"像语言?在第二层意思上又有多少"符号系统"像语言的使用者?这是两个极为重要的问题。在某些方面没有完全一样的事物。例如,苹果和橘子虽然都是圆的可食用的,但是它们其他方面都不一样。符号系统和符号的系统分别与语言和语言的使用者很相似,但不是完全相同的东西。

假如认知的能力不只是操作符号的能力,那么,对操作符号能力的检验就是对认知能力的检验。图灵测试作为对操作符号能力的检验似乎足够充分,但对于认知能力的检验显然并不充分。或许,对认知操作的能力要比操作符号的能力更复杂,也更庞大。我们通过符号系统来进行操作,来实现某些既定的目标,但这并不意味着符号的系统具有认知的功能,假如符号的系统是能操作符号的事物,就不只是有对符号操作的能力,也有对认知操作的能力。通过符号系统的操作体现了人类认知的某些功能。即使思维涉及了很少的符号操作,那么,能操作符号的显然是大脑的神经机制。尽管像图灵机这样的装置,以及高级的数字机有能力进行符号系统的操作,但并不意味着机器能思维,也不意味着机器有认知功能。

从纽威尔和西蒙所指的意义上来看,语言是否是一个符号系统呢?根据他们的概念,符号就是符号结构部分引出的物理样本,当许多符号实例以物理方式联系时,就会产生符号系统。联系符号的方式就是符号的形状、大小和位置(如一个与另一个相邻时)的功能。这些特性就是众所周知的物理事物的"形式"特性,这就是为什么符号系统也是自动形式系统例证的一个潜在的理由。如果说思想需要语言,语言又是一个符号系统,那么,思想就需要通过语言来实现认知的目的和认知的功能。

二、"中文屋论证"与认知理解

上面的内容讨论了人工智能中著名的符号系统，人在操作符号系统的过程中不仅仅旨在讨论人的认知问题。对于人与人工智能之间的关系，我们会想到很多问题，比如机器是否能思维，或者说是否具有心智的问题，是否可以通过机器符号化操作的模拟来解读人的认知理解。即使撇开机器是否具有真正意义上的心智这样的问题，我们还是期待了解在整个大脑的运作方面无论是人还是人工智能是怎样实现认知理解的，这一点至关重要。

或许没有人会否认人和机器都具有"计算"这样的一个概念，而恰好是"计算"这个术语为理解认知提供了非常吸引人的框架。然而对于"人能思维"这样的主张，显然不存在任何可疑的问题，但是要回答机器是否能思维，或者说机器如同人那样思维或许是一个相当困难的问题。我们还需特别注意的是，如果认为机器能思维，且具有认知能力的话，那么按照这样的推论就会产生如下看法，即每一个计算的装置，都会像人类那样赋有心灵。可是计算机是一种自动的形式系统，而人不是个简单的系统，人是个复杂的大系统。尽管没有人怀疑计算机不是计算的机器，可关键的问题是人的心灵是否也能凭借计算机的模拟实现如何认知事物，如何进行认知理解。反过来看，只有人的心灵也按机器那样形式系统的方式进行操作，才能弄明白各种人工智能与认知相关方面的问题。假设人类是自动的形式系统，那么，在人与机器是否能思维的问题上，如何辨别其中的异同点呢？这个问题与图灵测试是分不开的。

图灵测试也称为"模拟游戏"。它由三部分组成：一个男人、一个女人和男的或女的提问者。提问者在一个地方，与另外两个分开，他们之间借助某个装置交流，如电报机，并不丢掉游戏。游戏的目标是要提问者来决定谁是男的谁不是男的。强加规则限制使。提问者面对要回答的问题时，往往会做出猜测，如果把问题的答案限定在一定的范围内，给提问者设定一些强制的规则是有必要的。

允许有人破坏这个事实，但需要女的如实回答。她可能坚持对这个问题的回应："我是女的；别听他的！"但这是没用的，因为男的回答的也一样。而图灵意识到机器还有其他特性能猜测人的性别,对于机器的这些特性,可以设计一些更好的问题。例如,思考一下,把无生命的机器看作是人,那么这个问题就变为来猜测哪个是机器哪个是人。这就是一个很吸引人的命题,因为它表明了行为的标准可能支持的事物是思维东西的推论。如果提问者在回答问题的基础上不能区别人和无生命的机器,那么似乎有理由推断两者涉及的特性都是有疑问的。

这里应用的标准是无生命的机器能欺骗人,用这一标准来考察是人还是机器。然而在另一方面也能找到这种方法,因为一台无生命的机器能对付一个人的任何测试,一个人也同样能对付一台无生命的机器。毕竟模拟游戏也能用来说明两位参与者的反应足以推出它们是由相似的操作模型形成的,这样的证明可能表明它们两个都是计算的。

当我们询问模拟游戏的结果要维持什么样的结论时,这听起来都非常合理。回到第一个由一个男人、一个女人,还有一个提问者构成的版本,这里的问题就是一个性别的问题:真正的参与者是男的,还是女的?如果提问者被误导了,没有正确猜出是女的或者是男的,又会形成什么样的结果呢?毫无疑问,提问者被误导了,而且不能肯定那两个人实际上已经做了交换。回到第二个由一台无生命的机器、一个人,还有再次出现的提问者组成的版本。这儿的问题就是一个智力的问题:哪一个真正参与者是思考者,哪一个只是一台无生命的机器?如果提问者被误导了,不能正确地猜出哪个是无生命的机器,哪个是人,那么结果又怎样呢?这不能表明这个人实际上是一台无生命的机器。会足以表明一台无生命的机器是一位思考者吗?回到第三个由一台无生命的机器、一个人,再一次出现的提问者。这里的问题就是一个认知的问题:参与者所做的相似推理是在相似的操作模型下做出的吗?如果它们很相似,或者几乎是一样的,会表明它们都是计算的系统吗?这样的检测或者相类似的检测能够为这个问题的解答而提供的恰当的基础吗?

美国哲学家塞尔用众所周知的"中文屋论证"反驳了通过图灵测试的计算机会有心智这样的看法。他在"中文屋论证"中详细强调了模拟和复制之间的差别。塞尔的论证是以思想实验的形式提出的。该思想实验不同于一般的实验，因为人仅仅是透过固定的看法来弄明白事物，而思想实验是一个不实施观察和测量的方式，通过思想实验这种方式与世界相互作用。

想象一下，一个人坐在一间带有一个入口且被锁上门的屋子里，有时通过这个入口送进一张张写有一些汉语符号的纸，另一个出口送出相应的汉语符号。屋子里的人对英语很熟悉，但对汉语一无所知，当送进某种其他的符号时，可以借助一本英汉对照说明书，引导他送出某种符号，显然对于外面的观察者来说，即使他不理解汉语，但好像他懂汉语。

"中文屋论证"是对强人工智能的反驳。强人工智能被定义为用输入和输出适当执行程序的数字计算机，能够满足图灵测试，必然会有一个心灵的数字机。强人工智能的观点是自身所执行的程序是由心灵组成的。"弱人工智能"被定义为计算机以其他的规则进行操作，并在研究的过程中扮演了重要的角色。"弱人工智能"只是在模拟和研究心理过程时是一个有用的装置。但是程序计算机不能自动地保证计算机中心理状态的出现。这样的论证是由下面的例子进行的。

可以注意到的是，"中文屋"思想实验的设计满足了模拟情况强加的限制，却没有设计满足复制情况的条件，这样做，无疑是睿智的。确实，塞尔本人认为递入的符号可以称为"输入"，送出的符号为"输出"，工具书为"程序"。尽管这种输入-输出程序的可观察行为可能与一个真实的汉语学者的可观察行为相似，但那些系统只能模拟，不能彼此复制。

论证的大多数结构源于三个前提：

（1）通过定义，执行的程序是纯形式的或者是句法的。（例如，一个执行程序是依据形式的操作和符号的操作定义的。当一个人在中文屋中操作程序时，他所操作的概念也是依据句法操作定义的，是独立于执行的物理操作的。）

（2）心灵具有心理和语义的内容。（例如，为了思考和理解一种必须仅仅只有句法的语言，你不得不把一些意思、一些思想内容同语词和记号结合起来。）

（3）句法本身是不充分的，也不是由语义学组成的。（纯形式的、句法定义的符号操作自身并不能保证思想内容和它们一同出现。）

为什么中文屋的人尽管就理解中文而言，他能够通过图灵测试，但为什么不理解中文呢？回答是当说者理解那种语言时，他只有程序的形式句法，没有与语言的语词相结合的实际的心灵内容或语义内容，通过把中文屋内的人的表现和他用母语——英语回答同一个人的提问的表现进行对比，我们就能弄明白这一点。在这两个案例中他都能通过图灵测试，但是从他的观点来看存在很大的不同，他能够理解英语但不能理解汉语。在汉语的案例中，他充当了一个数字计算机。在英语的案例中充当了正常的讲英语的人，这表明了图灵测试没能把真的心理能力同对这些能力的模拟区分开来，模拟不是复制，但是图灵测试不能查明其中的差异。对于这个论证存在许多尝试，然而所有这些，在笔者看来，都不会成功。或许汉语案例和英语案例的最大共同点在于系统的答复，而当中文屋的那个人不能理解中文时，他不是一个完整的系统，他只是一个重要的处理单元。那个处于巨大机械装置中的人，只能被视作是一个屋子或是一个系统，而不是一个真正意义的人。

中文屋的人所做的系统回复只能从句法和语义学的方法进行。整个屋子也没有办法得到与形式符号相关的思想内容或心理内容。通过想象那个人内在化整个屋子就能明白这一点，他记忆了手册的规则和数据资料库，在他的头脑中做了所有的计算，并在屋子外工作。同时，这个人和他内部的次系统都没有得到任何意义与形式符号相关的方法。

塞尔试图用中文屋思想实验来推翻强人工智能理论，该理论是指编程的一台计算机不会像理解汉语的人那样真的理解汉语。一个不会讲汉语的人其表现不是真的理解汉语，编程的计算机不能分辨理解汉语的人。计算机和不会讲汉语的人在完成编程方面表现出的能力是相似的，然而在真实的世界中二者显然是不同的。计算机在执行程序方面比人更快、更好。然而，塞尔肯定在心灵方面构建了一个科幻的超人，这就使得我们询问：为什么我们面对人是否能理解他们执行的任务时具有先验的判断。

中文屋更大程度上被错误地理解为试图指出它没指出的那些内容：

（1）"中文屋论证"没有指出机器不能思维，相反，大脑是机器，大脑能思维。

（2）"中文屋论证"没有指出计算机不能思维，相反，一些东西是计算机并且能思维。如果一台计算机有执行计算的能力，那么所有正常的人都是计算机，他们都能思考。"中文屋论证"表明：由图灵和其他人定义的计算是形式符号的操作，自己本身不是由思维构成的。

我们知道思维是由大脑中神经生物的过程引起的。但是，如何制造一台能够复制大脑那样具有因果力的机器呢？这样的利器又如何克服逻辑的障碍产生思想呢？一旦这样的机器能够复制大脑，并具备了产生思维过程的特殊因果力，机器会像人一样思维吗？形式符号的混合排序是不足以保证这些因果力的正常作的。正如"中文屋"所指出的那样，软件不能使一台计算机具有意识或具有人那样的心。"我相信对强人工智能最著名的反驳是我的中文屋论证。这一论证表明，一个系统可以运行一个程序以模拟人的某种认知能力，诸如理解中文的能力，尽管这一系统并不理解中文。"①

从图灵测试到"中文屋论证"无疑与认知的理解能力是密切相关的。不论是在计算机系统中还是人的系统中，想要弄明白人怎样实现认知的理解才是至关重要的。在这一点上我们能从美国哲学家费泽尔（James Fetzer）那里得到进一步的认识和理解。费泽尔认为，如果我们想要了解模拟游戏是怎样使我们误入歧途的话，就需要另外进行区别。费泽尔借用数学函数把人类和数字计算机的操作模型进行了比较，如图 4-1 所示。

	数字计算机	人类
	输入	刺激
函数变量范围	程序	过程
	输出	反应

图 4-1 基本类比示意图②

从这个类比中我们看到，费泽尔把程序看作是从输入到输出的函数，把过程设想为从刺激到反应的函数，这显然是合理的。显然，数字计算机的输入与

---

① 塞尔. 心灵的再发现. 王巍译. 北京：中国人民大学出版社，2005：45.
② Fetzer J H. Philosophy and Cognitive Science: Paragon Issues in Philosophy. New York: Paragon, 1997: 86-93.

输出和人的刺激与反应确实有着相似点。就模拟游戏本身而言，对于机器的输入或者对人的刺激的问题，对应的回答就是输出和反应。机器通过输入和输出是要呈现操作者的实际意图，而刺激和反应明显不是一个简单的过程，它会涉及生理和心理，以及整个身体系统的协调作用。尽管数字计算机中的不同系统可以为同样的问题提供同样的答案，但这并不意味着相同的操作模型会得到同样的答案。正如我们千千万万个不同的个体一样，大多数人都有着刺激和反应系统，但是同样的刺激得到的结果可能会大相径庭。有时我们理解我们正在谈论的，有时我们仅仅能够记忆我们想要说的，即使是两个双胞胎兄弟，说天上飞的那只鸟是天鹅，未必会得到一样的认识，曾经见过天鹅的那个孩子会同意你的看法，而另一个则不然。也就是说，输入的刺激可能是相同的，而与输出相对应的反应未必是一致的，这不足以推断或证明是什么引起了这些效果。这样的系统是涵盖了由不同程序和过程形成的，受到输入和刺激时对应的输出和反应的系统，以及由相同的程序或过程产生的，受到同样的输入和刺激时，对应了同样的输出和反应系统。在前一种情况中，它们之间存在模拟关系，在后一种情况中存在复制关系。一旦承认了模拟和复制之间的差别，就会意识到，要想为两个系统在模拟关系中的程度提供恰当的证明基础是不困难的。只不过要想得出两个系统在复制关系中的程度则会相当困难。费泽尔认为，这样的认识并不足以为奇，因为游戏规则限定了对公众观察的问题和答案的证明，而这样的差别是很容易被忽略的。

当我们回头再看模拟游戏本身时，从这一点看，吸引人注意的是第一个例子。如果男的对问题的回答导致了提问者错误地猜测他是女的，那么这样的结果是由一个成功的模拟引起的。与此相类似的是，在第二个例子中，一台无生命的机器对问题的回答使得提问者错误地猜测它是一个人，这样一个结论也是由一个成功的模拟效果引起的。模拟和复制之间的差别强烈地指出当模拟游戏用于确定无生命的机器是否是思考的东西时，模拟游戏是不会成功的。

首先，这样的辩护试图充分利用描述图灵机的语言。我们重申的基本标准是，无生命机器的能力是欺骗一个人来思考它也是一个人。但肯定地讲，如果主张它有动机和信念的话，事物就有"欺骗"或"试图欺骗"其他东西的能力，这足以确立无生命的机器除了我们指出的差别外，它是真的会思考的东西。提问者错误地指出无生命的机器是一个人，体现出的动机和信念就是提问者的，而不是机器的动机和信念。机器是依据提问者得到的结论做出判断的。或许我们会一厢情愿地说，机器欺骗了人。理解这样的推理最为重要的是，通过接受机器具有欺骗人的能力这样的描述，想当然地回答我们想要回答的问题。这会出现这样的情况：当机器比我们更能欺骗人，我们有信心认为机器是一个会思维的东西。如果机器能欺骗人，那么它就是一个会思考的东西。但是为了证明这个主张有理，就得承认这些条件的前项（"如果"这句话）是真的，那么，就会得到一个独立论证的结论。否则，这个条件的后项（"那么"这句）可能是真的也可能不是真的。美国布法罗大学的哲学家、计算机科学家拉帕波特（William J. Rappaport）认为，图灵测试能免于"中文屋论证"遭到破坏。他的立场强调了理解自然语言的重要性。依照拉帕波特的看法，因为图灵测试取决于用自然语言的表达方式来回答问题的能力，辨别思维内容的标准是理解自然语言的能力，他认为能够理解自然语言的东西同进行思维的东西相同。

通过上面的分析和讨论，能够发现，像中文屋这样的思想实验，表现出的语言与思想之间的密切联系的观点甚至比思想和计算性之间的密切联系的观点更合理。如果语言原本是计算的现象，理解自然语言，更核心的是是否拥有心灵，而不是一台无生命的机器是否可能会愚弄人，而我们对于认知理解的认识将是深层次的。

第二节 心灵哲学与脑科学中的思想实验

思想实验除了在物理学中常见外，我们同样可以在心灵哲学和脑科学中发现思想实验在推理过程中所发挥的认知作用。

一、"孪生地球"和"缸中之脑"与认知表征问题

美国犹太裔哲学家普特南很擅长使用思想实验来分析与思考问题。他提出的两个思想实验"孪生地球"和"缸中之脑",不仅在哲学上令人瞩目,而且也启发了影视书画作品的创作,如电影《黑客帝国》。

(一)"孪生地球"与指称问题

在"孪生地球"这个思想实验中,其目标指向所有关于语义学内容的非指称基础的理论。1975年,普特南在其著名的论文《"意义"的意义》中提出了"孪生地球"这一思想实验。他设想在空间的另外一个地方有我们行星的一个复制品,它与我们的地球在其他方面完全相同,只是我们称之为水的东西的化学成分为 H_2O,而"孪生地球"上的人称之为水的东西的化学成分是 XYZ。因此,尽管"孪生地球"上居民的内部状态与我们相同,但当他们说"水"这一词语时,他们指的是成分为 XYZ 的物质,而我们说出"水"这一词语时,我们指的是 H_2O 的物质。如果意义取决于内部状态,那么我们的词语"水"和他们的词语"水"应当具有相同的意义。但是这两个词语不具有相同的意义。因为我们的词语指 H_2O 而他们的词语指 XYZ。因此,一种语言的语词的意义不仅"在头脑中",而至少部分取决于外部世界的事实。

"孪生地球"假设是在有关个人主义的争论语境中展开的。个人主义是一种认为个人而不是由个人组成的整体具有中心价值和基本存在的理论和态度。它认为对个人的理解能够与他所在的物质环境、社会关系和历史传统分离开。个人主义认为心理特征在本质上是一种实在。相反,反个人主义是对个人主义的否定。像"孪生地球"这样的例子常常会激发反个人主义。1750年,在地球上和"孪生地球"上没有人能确定(判定)水的不同,但是现如今化学家在实验室能区分它们。现在我们知道一个地球人 Oscar 和它完全相同的孪生兄弟 T-Oscar 都是化学分子的复制品,在所有实在方面以及生理方面完全相同(假定人类不理解水),每个孪生兄弟都用"water"提供他的基本的无经验的物质。我

们可以假设一下，当每个孪生兄弟说："水对植物是有益"这句话时，一个反个人主义可能会按照下列步骤进行争论：

第一，XYZ 不是水，化学告诉我们水是 H_2O，并且假设 XYZ 不是 H_2O。第二，Oscar 的词"水"指的是 H_2O 而不是其他。如果 Oscar 面对一杯 XYZ 并且说"这是水"，那他就是错的。如果 T-Oscar 面对一杯 XYZ 并且说"这是水"，那他就是对的，因为他讲的是孪生地球上的英语。第三，每个孪生兄弟讲"水对植物是有益的"，这句话表达了他的信念组成，两个兄弟真诚理解他们的话语和他们所讲的，所以他们所说的正是他们所相信的，但是两者所说的不同。Oscar 说水对植物有益，并且他也相信是如此。T-Oscar 所说的和所相信的是我们可能设置的"T-water 对植物是有益的"，"T-water"对于 XYZ 是一个非专门的词。反个人主义者举例用以说明一个人的信念组成部分取决于他的物质环境。的确，他们部分取决于他所不知道的因素。例如，水的基本化学成分。不同的例子意图说明与社会环境的特性也是相关的。Tyler Burge 于 1979 年就预设了这样一种情况：Alf 受到关节炎的困扰。一天，由于大腿疼而醒来，并且自己相信关节炎已经扩展了。他认为他的关节炎已经扩展到他的大腿。他去看病并且告诉医生有关关节炎的情况。通过诊断，关节发炎了，然而他的大腿并没有得关节炎。Alf 经过调整并且改变了他的信念。Burge 辩护说，当 Alf 相信他的大腿患有关节炎时，T-Alf 不会这样。T-Alf 的词"关节炎"不提供关节炎的炎症，因此不表达关节炎的概念。Burge 总结到：一个概念的组成部分取决于那些共有成员对语言使用的习惯用法。回想一下，Alf 接受了医生断定他患关节炎的事实，是因为在他本人的意识里关节是会患上疾病的。在医生那里有一个关节炎的概念，因此，对 Alf 而言，他也会接受关节炎这一概念。不论专家们对 T-Alf 所做的精神诊断与孪生兄弟的诊断是多么相似，可对于 T-Alf 而言，即便是相同的身体部分，理解上仍是有差异的。就拿"关节炎"来说，Alf 和 T-Alf 的概念所指内容不同。个人主义反对反个人主义对"孪生地球"假设的建构，并且提出了他们自己的看法。对"孪生地球"例子的两种组成进行回应。第一种回应承认，在相关的事件中，孪生兄弟的概念所指的是不同的东西，例如，Oscar 的概念指向水，T-Oscar 的指向 T- 水。但是，值得争论的是，一个概念的心理在本质上并不总是给出它所指向的东西，因此，支持孪生兄弟概念的途径，使得相同心理类型成为可能，尽管它们所指的是不同的事物。个人行为的概念方式支持了这一回应产生的结论，即孪生兄弟的概念确实是具有相同心理类型。第二种回应利用了有常识性的直觉和科学之间的一个特征。它承认人们有与孪生兄弟概念不同的直觉，但它不仅仅是一个心理类型的非科学的概念。所以，当产生一种直觉时，例如，Oscar 的概念提供的是 H_2O 而不是 XYZ，T-Oscar 是对 XYZ 而不是 H_2O，这种直觉是错误的。事实上，两个 Oscar 的概念 H_2O 和 XYZ，他们所指的都是一样的。一个科学家的心理特质通过跳跃来维持直觉，因而把孪生兄弟看作是心理的、难以理解的来对待。无论是"孪生地球"假设引起的个人主义同反个人主义的争论，还是 Burge 就关节炎的辩护，都表明了即使是相同的概念因具有不同的心理状态、不同的语境，对于某事物的理解也会产生不同的效果。

普特南在对两种哲学观进行理解和论证时，提出了"缸中之脑"思想实验。这两种哲学观之一是形而上学实在论的观点；另一种则是内在实在论的观点。他认为，如果形而上学实在论是对的，那么就可以设想一个离开我们语言和理论的实在，也就意味着会有"缸中之脑"这样的假设。尽管这种假设是自相矛盾的，然而却展现给我们思考这两种哲学观的不同视角，也就是说，"'缸中之脑'的问题如果不是因为它揭露这两种哲学视觉之间差异的尖锐方式，就毫无意义"[①]。

他对"缸中之脑"的论证仅仅是让人觉感到怀疑形而上学实在论道路上的第一步。形而上学实在论将心灵与世界完全隔离开来，认为我们用语词可以指称独立于心灵的客体。普特南通过论证不可能存在的一系列要素，用以说明语言的意义至少一部分取决于说者的外部环境。表征在我们和自主的心灵和客体之间，在语词与自主心灵之间没有指称联系，"缸中之脑"论证只是这个论证中的一部分，它试图建立保证我们内在的要素，指称自己心灵客体的内容。虽

---

① 普特南.理性、真理和历史.童世骏，李光程译.上海：上海译文出版社，2005：55.

然"缸中之脑"与我们一样分享着所有的特征,然而"缸中之脑"并不能指称"缸"以外的事物。普特南试图使用外在的因素论证指称的因果关系,因为因果关系对于指称的作用不可小觑。他声称,尽管尽可能多地收集到了外在因素,仍没有办法保证对独立于心灵客体具有决定性的指称那样的联系。我们的语言和思想(或任何可想象的、不同的、其他的)没有指称独立于心灵客体的能力。因此,在这个意义上,不存在独立于心灵的客体,于是形而上学实在论遭到了否定。

在普特南看来,作为人类的我们与"缸中之脑"处在一个非常相似的位置,当我们说"树"时,我们不能以某种方式魔力般地指称独立于心灵的客体——树,"缸中之脑"也不能指称树,那树只意味着树—电脑—想象,由计算机构成的树。普特南的论点使我们与"缸中之脑"处于同样的位置。当我们提到"树"这个词时,我们不能成功地指称独立于心灵的客体树,但能指称我们想象世界中的某一部分:我们指称的是树的现象或出现的树。我们指称的东西是独立于心灵的,它们的概念构成了其他的组成部分。所以,我们认为的和谈论的没有一个客体是独立于心灵的,推及科学的客体——地球、太阳、分子、原子和夸克也同树和缸一样,普特南称这种观点是"内在实在论"。对于内在实在论者而言,独立于心灵的世界不是超前地分为用我们的话语所搭建的事实和客体。我们形成的概念具有我们所知道的事实和客体的内在特征,要想排除概念中有关世界的部分,是极难做到的,甚至是不可能的。因为正是世界的存在才决定了概念。

心灵与世界的关系一直是令人感到困惑的问题,心灵怎样来指称此物而非彼物呢?普特南让我们来思考一下下列有关"温斯顿·丘吉尔"的墨迹。这些墨迹不是所固有的或原有的(即人为的)那些墨迹。对于许多语言的使用者来说,他们能成功地依据这些墨迹指出一个普通的个体,即温斯顿·丘吉尔。事实上这些墨迹根本就没有描绘出丘吉尔,即那个抽雪茄的政治家,同时也没有抽雪茄的痕迹,那些黑色的和弯弯曲曲一系列痕迹,怎么就能展现出那位作演讲和抽雪茄的丘吉尔呢?那么这样一系列的物质痕迹是怎样得到这些信息的呢？我们一般会把在语词和语词所表征的东西之间所获得的联系称之为"指称"。语词与我们的思想结合在一起，语词是心灵的表征形式，语词指称心理表征，心理表征又怎样来指称这些问题呢？显然，想要用语词更容易地回答看似普通的问题其实并不容易。因此，我们会看到，语词怎样指称和心理的表征方面存在许多限制条件。比如，"温斯顿·丘吉尔"的墨迹是一种书面的语言，它指向温斯顿·丘吉尔，并且有力地指称着温斯顿·丘吉尔，即那个众所周知的英国的政治家丘吉尔。虽然目前存在许多关于指称怎样运作的理论，但是没有一个是令人满意的。而普特南的论证没有集中停留在任何一般的指称理论上，他主要关注指称在成功地指向某物时，在最小的范围内所要求满足的条件。他的论证以两个思想实验为出发点，从比较一个出现同样痕迹的事件出发，在这一事件中成功地指称了，但在另一事件中又失败了，通过观察两个事件的区别，可以获得对指称必要条件的洞见。

　　该思想实验以思考一只爬行的蚂蚁在爬过沙地时留下的痕迹为出发点。蚂蚁所经之地有关蚂蚁的行为，在这个过程中，沙子上留下的痕迹与温斯顿·丘吉尔留下的相像。蚂蚁的痕迹成功地指称温斯顿·丘吉尔吗？蚂蚁从未见过丘吉尔，也从未见过丘吉尔的照片，它无意中指称了丘吉尔。如果丘吉尔从未存在过，它也会留下相同的痕迹。这个简单的事件似乎表明：蚂蚁爬行的路线看上去像丘吉尔的墨迹，但蚂蚁并不具有指称丘吉尔的能力。对那些曾见过丘吉尔相片的人来说，蚂蚁似乎没有指称丘吉尔的正确的认知能力。可事实上是什么使得这些路线仍然看上去像丘吉尔的墨迹呢？难道在与丘吉尔的墨迹形状相似的情况下，蚂蚁形成的足迹不足以有力地指称丘吉尔吗？这似乎也是不对的。相反，我们作为解释的代言人来说，知道丘吉尔是谁，那个痕迹就指向丘吉尔，对痕迹而言，没有固有的东西：蚂蚁在沙子上形成的痕迹就指称丘吉尔。换句话说，由于痕迹在性质上的相似性，我们把它看作是丘吉尔的照片，但就其本身而言并不是指称的充分条件。普特南给出这个例子的理由，试图削弱这样的观点：存在许多这样的表征方式，仅仅是符号的存在，沙子上的物质痕迹——它自身产生对一个客体的指称，一些表征性的符号所固有的表征特性。他之所以这样认为是基于指称具有"魔力"这样的观点。对语词而言，没有什么东西内在地使语词表征一切事物。苹果是圆的，长在树上，是可食用的，而"苹果"这个词却不代表这些东西。所以苹果这个词并不内在地指称苹果。当然这个简单的观察不足以表明魔力指称理论是错误的时，他会遇到更多的责难。例如，有人会说表征有更多的根本性的参与者，最引人注目的参与者是心灵的表征。沙子上的痕迹没有必要指称温斯顿·丘吉尔，确切地说，关于温斯顿·丘吉尔的心灵表征的必要条件才指称温斯顿·丘吉尔，能拥有一个温斯顿·丘吉尔的心灵表征仍然不能指称丘吉尔是不可能的。有人会产生这样的看法：心理表征以大量不同的方式固有地指称，例如，有人可能认为每个心理表征存在唯一的与脑活动相连接的方式，存在温斯顿·丘吉尔心理表征与之相连接的独特的脑部活动的方式。如果心理表征固有地指称，那么这些脑部活动独特的方式存在足以指称那位令人尊敬的英国首相。比如，假设"幻想"是一种独特的脑部活动的方式，它足以或者在本质上就是对的心理表征，那么在你的大脑中幻想这种物质存在就足够了。由此看来，它的存在保证了你的思想与温斯顿·丘吉尔有关。普特南声称尽管我对丘吉尔的心理表征与独特的脑活动的方式连接在一起。但是那种魔法式的物质的存在仍然不足以保证对丘吉尔的指称。在普特南看来，获取所有心理表征的各个质的方面是可能的，把相同的物质方式作为指称的形式，仍然会出现不可能的指称。换句话说，对于唯一的有关独特的脑活动的方式或者是唯一的心灵经验，仍然没有产生指称魔力的链条。当我要表征我的心理表征与某人拥有的心理表征是否同一时，可能会出现不同的情况。例如，当你获知它们不能指称温斯顿·丘吉尔时，怎样才能具有与丘吉尔同质的心理表征的经验呢？同质的心理表征经验又如何不能成功地进行表征呢？

假设存在另一个类人星球，该星球上的那些人尽管看上去像我们，可他们从未见过树或者想象过树。一天，一艘过路的太空船把树的照片掉在了他们的星球上，可以展开想象，看照片的居民会认为照片可能是什么。各种推测都可能出现：一幢楼、一个伞篷，甚至是某种动物。假设他们从未接近真理，对我而言，这张照片就是一张关于树的照片；但对他们而言，这张照片表征一个奇怪的东西，它的性质和功能也是未知的。现在假设类人星球上的人中的一位展开了心灵想象，与我们心灵想象的树是一样的。然而在这个另外的世界，心灵的表象不是树的表征，它或许就是一个不知其性质和功能的奇怪客体的表征。有人可能会辩护说：他的心灵表象是树的表征，因为他的心灵表象与照片形成的表征的树之间有一条因果链。但也可能想象缺乏，假设太空船掉下的照片不是一棵树的照片，而是由洒出的颜料形成的，尽管它看上去像树的照片。我们甚至猜想，照片是从太空船上掉下的，它落在的那个星球上的人并不知道有关树的东西。现在似乎很难说有关另一个世界的心灵表象能成功地指称树，不论怎样与你的心灵想象相似，心灵表象就像是物质的照片，与他们要表征的东西之间不存在固有的链条。

  我们可以假设普特南的论证能推及其他的心灵表征方面，不只是心灵想象。如果这是事实的话，那么两个性质同一的个体就会拥有同一的心灵想象、同样的心理表征，甚至同样的脑活动的方式，然而一个人思考的是树，另一个人思考的则不是树。也就是说，对任何表征的东西——照片、语词或想象——内在地保证指称着世界上的事物，表征外部的事物是被设置的，这些外在的要素是什么呢？那就是已经受到关注的因果联系。我们看一下，偶然撒出的颜料怎样形成树的表象：如果人从未见过或听说过树，那么，他就不能指称树，这表明存在指称的必要条件——用以表征它是什么的因果链条。如果缺少这一环，未曾见过树的居民就很难看出这个居民怎样指称树，不管他们的心灵表征怎样地与我们相似。这个因果链是属于可接受的那种，而不是任何可操作的因果链，例如，遥远星球上的树有力地影响了没有见过树的居民，但这不足以让他们指称树，是因为没有大量用于区分树的鲜明的因果链作为与之相对应的东西。普特南并没有指出有关指称的可接受的因果链的本质，但他清楚地认为在头脑中的因果链事实上是对实在树的"我思想中树的那个东西"的理解。这个最简单的方式是想象一下我本人有关树的思想，这种思想是由我与树形成的直接的或概念性的联系而形成的，树是由于我拥有树的思想而形成的，这足以保证我指称树。思考一下，另一个世界的人们，他们关于树的思想是有限的颜料形成的，所以事实上他们没有树的思想。没有树的思想就不能保证指称树，正如魔力指称理论指出的那样，某些心理表征必定指称某些外部事物或某几类外部事物。为了对此进行反驳，普特南以"缸中之脑"为例，意在表明该指称理论是站不住脚的。

（二）"缸中之脑"与心理表征问题

普特南对"缸中之脑"的怀疑主义的著名论证出现在《理性、真理和历史》一书中。他在这本书的第一章提出了"缸中之脑"思想实验。"由哲学家争论的一个科幻的可能性：设想一个人（你可以设想这正是阁下）被一位邪恶的科学家做了一次手术。此人的大脑（阁下的大脑）从身体上取下放入一个营养缸中，以使其存活。神经末梢同一台超科学的计算机相连接，这台计算机使这个大脑的主人具有一切如常的幻觉。人群、物体、天空等等，似乎都存在着，但实际上此人（即阁下）所经验到的一切都是从那架计算机传输到神经末梢的电子脉冲的结果。这台计算机十分聪明，此人要是抬起手来，计算机发出的反馈就会使他'看到''感到'手正抬起。不仅如此，那位邪恶的科学家还可以通过更换程序使得受害者'经验到'（即幻觉到）这个邪恶的科学家所希望的任何情景或环境。他还可以消除手术的痕迹，从而使该受害者会觉得自己一直是处于这种环境的。这位受害者甚至还会以为他正坐着读书，读的就是这样一个有趣的但荒唐之极的假定：一个邪恶的科学家把人脑从人体上取下并放入营养缸中使之存活。神经末梢据说接上了一台超级计算机，它使这个大脑的主人具有如此这般的幻觉……"[①]这样的一个摹本，在20年后的今天仍然产生了回应。在该摹本中，普特南声称，它以现代的方式出现了"典型的怀疑主义的问题"，并且允许我们探寻思想与世界之间的联系。

我们就普特南所描述的这种可能性进行思考。如果你外表与我们相似，不是活着的有呼吸的人，那么，你是"缸中之脑"。几乎你所相信的外在世界的一切都是假的，你的身体、你的朋友、你的家庭这一切都不存在，地球、太阳和

---

① 普特南. 理性、真理和历史. 童世骏，李光程译. 上海：上海译文出版社，2005：6.

星星也不存在，现在你读的这篇文章也不存在。你生活的世界与经验让你相信一切都不同，有关世界的内容，包括一切东西在内，甚至还有那个存放你大脑的实验室，一个邪恶的科学家跑进实验室，一边用电极刺激你的大脑，一边给你正常生命的幻觉。你经验到生命的一切：行走、说话、与其他人相互的活动，但是这其中没有一个是真实的，世界上没有一个与我们正常假设的东西相符的事物存在。

你怎样知道你现在不是"缸中之脑"？如果那位邪恶的科学家不失误的话（我们假定他不会失误），那么，他的存在是不可能觉察到的。如果是这样的话，对你而言，排除你现在的存在似乎也是不可能的。事实上，你只能是"缸中之脑"，似乎对你我而言，我们就是"缸中之脑"，这的确是真的。世界是如此的真实和贴近，但是你生命体的经验本能地告诉你：你不是在一个营养液的缸中漂浮着的事物吗？邪恶的科学家负责真实的一切怎样出现，甚至负责摹本的声音怎样的荒谬。或许我们想说这样一件事是"可能的"，但又是极不可能的。然而经过反思，每一个人都会明白这种坚持是难以维持的。如此梦幻的系统构想表明，你拥有得出如何为真的可能方法。与其他设计一样，系统设计可能性的判断基于经验。"缸中之脑"样本对你而言不可能是真的，因为与正常经验是不相符。邪恶的科学家通过操纵给予那种经验。所以你不仅不能得出存在"缸中之脑"的可能性，而且你也不能说这种可能性是不可能有的。如果你不能说不一定有"缸中之脑"的摹本，那么，结论似乎是你没有任何好的理由不思考你是"缸中之脑"。

"缸中之脑"在本质上与正常的人一样拥有相同的经验，它具有同样的心灵表象、同样的心理表征，存在于同样的物质形态中（至少它的脑是与外部相连接着，尽管它没有身体），然而它缺少一个重要的东西：那就是"缸中之脑"同认为它存在的客体之间有着一定的因果联系。"缸中之脑"不像是一个正常人那样，拥有与其他客体相互联系的因果联系。比如，我们常常会猜想与意识经验相符的东西：树、花、书、桌子等等。"缸中之脑"只与它的电极和放置它的"缸"有联系。在真实世界中存在的东西没必要出现在与脑的因果联系中，甚至邪恶的科学家也不需要在那儿：宇宙存在的可能性完全是趋向"缸中之脑"自动生成的情况，并且刺激它拥有意识的经验。"缸中之脑"的心灵表面上看去感觉同我们一样，它有关树的心理表象性质上与我们关于树的心灵表象一致，它有关树的经验与我们感觉到的树的经验是一样的。它甚至能使用"树"这个词回答我们有关树的经验。

  由于所有这些相似性，普特南论证道，"缸中之脑"不能指称树，它没有树的因果联系并且不能拥有有关树的思想，它不能比无树星球上的人更能指称树。我们可以从树的心理表征转向脑与缸的心理表征，假设我希望自己是那个"缸中之脑"，我的心理表征着一个缸，你能说我的指称不表征缸吗？我对缸的心理表征是由于缸的真实联系所形成的。"缸中之脑"能指称心理表征中的缸吗？脑不存在于任何与真实缸的概念联系中，它对缸的表征不与真实的缸相联系，尽管它的表征恰好与我的表征一样。可"缸中之脑"的表征是由接受电脑的刺激所引起的。事实上它拥有缸的表征，在最好的状况下，当它拥有缸的表征时，脑指称着计算机的想象，显然当我说我是"缸中之脑"时，不意味着在一个缸的计算机图像中，我是一个计算机的图像，而意味着我是一个真实缸中一个真实的大脑，没有一个我能有力表征的东西。所以，尽管在事实上，"缸中之脑"性质上与正常的人拥有相同的经历，但是它不能指称脑和缸，它不能意识到由"脑"产生的脑，由"缸"产生的缸，这是因为它不存在于脑与缸的可接受的因果联系中。例如，它不处于脑与缸的可感知的联系中。"缸中之脑"对没有树的居民来说，处于同样的位置，那个社区中的成员不能指称树，除了有类似树的图像外，还因为他们不处于与树相关的可接受的因果联系中，尽管"缸中之脑"可能拥有像脑和像缸那样经历的可能性，但它也不能指称真实的缸与脑，是因为它不处于与他们有关的可接受的因果关系中。如果"缸中之脑"不能指称真实的缸和真实的脑，那么它就不能因"我是缸中之脑"而称"我是缸中之脑"，当"缸中之脑"说或想"我是缸中之脑"时，无论它是什么意思，他都不能说"我是缸中之脑"。或许有人会争辩，脑与缸的情况不同于树的情况。"缸中之脑"处于脑与缸的因果联系中，即他自己的脑与自己的缸。然而这种因果联系似乎没有把缸和脑的指称与相对应的事物区别开来，同样的因果联系也出现在所有与缸、脑的意识经验中。因此，要想弄清楚缸与脑的表征和指称作用是很难的。我们可以思考"我是缸中之脑"这种形式的真正价值所在，假设世界真的那样出现，处在"缸中之脑"的我，只会意识到我是人，而不是缸中的脑。在这种情况下，如果我证明我不是"缸中之脑"，显然是的虚假的。假设现在我梦幻般地被欺骗，事实上我就是"缸中之脑"。如果我是"缸中之脑"，那么，"我是'缸中之脑'"又意味着什么呢？如果这种状况无意义，那么最可能的解释是它指称着小说世界中许多事件中的一种情形：脑相信自己存在。现在再来思考"我是'缸中之脑'"这句话的价值，在小说世界中"缸中之脑"相信他存在，他不是"缸中之脑"，他是一个活着的有呼吸的人，所以说出"我是'缸中之脑'"这句话是错的。尽管我是"缸中之脑"，可我不能说我是"缸中之脑"，这是因为，并不知道它就是一个"缸中之脑"，而它仅仅认为是一个活着的有呼吸的人。这仅是普特南论证的一小部分，从开头我们注意到了特有的语义性质：如果一个不是"缸中之脑"的人说"我是'缸中之脑'"，那么，这句话是虚假的，如果"缸中之脑"说"我是'缸中之脑'"也是错的。尽管我们对"缸中之脑"的怀疑和假设与我们经验到的东西完全一致，然而它是反事实的语句，它不可能是真的，因此，我们肯定不是"缸中之脑"。通过普特南论证可知，"缸中之脑"说明认知或思维是涉身的或具身的，也就是说，思维离不开身体。

二、黑箱与大脑认知

无论是哲学还是脑科学，人们自始至终都离不开一个共同探讨的话题：大脑是怎样运作的。哲学更多地侧重意识和心灵的研究，而脑科学试图揭开人类在做出各种反应和行为时，大脑是怎样处理和操作的。迄今为止，我们都无法彻底揭开大脑的秘密。

古希腊时期的人们以为大脑就像一架石弩那样运转；在莱布尼茨那里，他把脑比作一台碾磨机；弗洛伊德则把脑比作液压和电磁系统；谢灵顿把脑的运作比作一台电报机；强人工智能主义者把大脑比作软件和一台数字计算机。普特南对有关的心身理论做了一番分析后，认为大脑具有某些非物理的性质，也就是说"可使用那些不提及脑物理学和脑化学的术语来定义的那些性质"[①]。他以计算机为例，计算机有许多种性质：物理性质（重量、若干的集成电路板等）、经济性质（价格）、功能性质（某个程序）。他认为计算机的功能性质是非物理的，"之所以这样说，是因为它可以被另一种不管其形而上学或本体论的成分组织实际上可能是什么的系统所实现。一个游魂可以表现某种程序，一个大脑可以表现某种程序，一台机器也可以表现某种程序，这三者即使在原料、材料方面截然不同，它们的功能状态可以完全相同。心理性质也显示出这样的特点；同一种心理性质（如发怒）可以在物理构造和化学构造上区别于颇大的数千种物种（其中可能有一些是外星生物，或许机器人哪天也会发怒）的成员的一种性质"[②]。显然，这样的观点，把心理性质与机器的功能性质等同了起来，强调一种非物理条件下的心灵的自主性。普特南提出人的这种心理状态就是图灵机的状态，心与脑的关系就是软件与硬件的关系，他早期所主张的这种功能主义诉诸把心灵解释为外在的输入到输出的过程。塞尔认为，计算机内部的设置基本上就是这样的，而不会说中文的人就像那台计算机，它根据一个程序来加工所接受到的所有内容，而它的输出事实上就像他对中文问题所做的回答，尽管它通过了"图灵测验"，但仍然没有获得对中文的理解，同样计算机是通过程序进行操作的，而不能意识到它所操作的符号内容。在塞尔看来，程序不是心，程序是知识形式的或句法的，心具有语义的内容，语义学并不内在于句法学，而句法学对于语义学也是不充分的。因此，"中文屋论证"正是对强人工智能或功能主义的中心论点——"心智之于大脑如同程序之于硬件"的有力反驳。

上述这些看法无疑是关于大脑特征和运作的一种猜测和辩论，还是没能揭示大脑的运作状态。确实大脑还有很多不为人知的、亟待解决的问题。如果我们一贯持有的心灵、意识与大脑认知联系在一起，复杂性和难度就会进一步加深。尽管意识至今仍是一个不完整、模糊的概念，我们仍然不能用恰当的物理

[①②] 普特南.理性、真理和历史.童世俊，李光程译.上海：上海译文出版社，2005：88.

语言定义它，但是不断增长的证据，证明了大脑是意识的唯一来源。意识不仅是一个哲学问题，也是一个科学问题。意识是我们知道了我们是谁，但是很难用实验的方法来验证意识。往往会以思想实验形式展现出来。关于意识的论据往往同人工智能的可能性论据相关。那么我们怎样了解心灵、大脑和意识呢？换言之，我们知道它做什么，但并不知道它如何做。心脑与计算机软硬件相类比的功能主义在认知科学研究中有重要的作用和意义，所以，至今仍然在许多哲学家、认知心理学家及人工智能研究中普遍流行。"从认知科学的起源来看，这一功能主义心智哲学观点有两方面的直接意义：对于认知心理学来说，区分计算机硬件和软件（程序）是至关重要的，因为它意味着认知心理学不是神经学，研究人类思维的认知理论应该论述的是人类心智（即人类程序）而非人类大脑。一种正确的认知理论应该由人类大脑来执行，并能在一部适当程序化了的计算机里运转，但这种理论只存在于程序中，而非存在于大脑或计算机之中。另一方面，功能主义观点可直接联系到人工智能：计算机和计算机程序的状态一般也能以物理上抽象的和中性的语言得到描述。"[①]尽管现在的解剖学为我们展示了大脑的神经结构和行为对应的反射区域，然而我们一直在试图探索大脑是怎样认知世界的，尝试破解大脑的奥秘。丹尼特认为，"至此我们实际上一直将意识本身当作一个黑箱一类的东西。我们将其'行为'（在这里等同于现象）视为'已知'，并且想知道大脑中什么样的隐藏机制能够解释它"[②]。

我们一般知道黑箱的所指就是不能把握的和具体控制的一种事物，可以说这是一种隐喻的使用，大脑就像是黑箱，我们不能通过大脑的外在行为的表现洞察到大脑的实质变化。况且每一个个体都是有差异的，心智反应的任务未必是同一的。常识经验的判断只能与个人的经验和主观感受相容。就像维特根斯坦在思考语言本质时提到的盒子里的甲虫一样。"假定每个人都有一个装着我们称为'甲虫'的某种东西的箱子。谁也不能看到任何人盒子的里面，而每个人都仅仅因为看到自己的甲虫说他知道甲虫是什么……如果是这样，它就不能被

[①] 熊哲宏. 认知科学导论. 武汉：华中师范大学出版社，2002：9.
[②] 丹尼尔·丹尼特. 意识的解释. 苏德超等译. 北京：北京理工大学出版社，2008：194-195.

用作一个东西的名称。"① 如此一来，有可能每个人盒子里的东西各不相同，我们甚至可以想象盒子里的东西不断变化。不过，假设"甲虫"一词在这些人的语言中有其意义，那么，这个字眼就不可能是某种事物的名称。盒子里的东西在语言游戏中根本没有存在的地位，甚至不能算是某种东西，因为盒子里甚至可能空无一物。没有人能够除尽盒子里的东西，不论那是什么，都会自行抵消。盒子里的甲虫实验是要指出，一般人总是因为使用的词语相同，就认为彼此谈论的是同一件事物，但实际上却很可能各自指涉不同的东西，甚至还以不同的方法这么做。盒子里的甲虫与大脑为黑箱相比，盒子里的甲虫也可以说成是每个人脑子里的意识或主观感受；每个人都有这种感受，但只有自己才知道这是什么意识或感受，因为我们不能让别人打开自己的大脑和盒子。但是这并不能说我们大脑一概不知，只能说我们知之甚少。

现在我们可以通过行为实验、大脑损伤研究和脑电图（EEG）来测量脑电波的变化，也可以通过正电子发射型计算机断层显像（PET）用血液中的发射标记来测量大脑的活动情况，也可借助核磁共振成像（MRI）将人的大脑置于强磁场中测量大脑活动的情况。但是这样的新技术并不能使我们彻底了解不同的心智任务是如何与大脑活动相匹配的。在心灵哲学中，行为主义认为，通过了解心的功能我们就可以完全了解心。如果我们知道了这些功能，我们就可以把关于内在机制的本质的种种问题抛在一边，这样的看法被称为"心的黑箱理论"。然而美国哲学家费泽尔认为，"'大脑'和'心灵'之间有一个简单的区分方法，从我们期待什么来看，大脑关注的是神经病理学结构，心灵关注的是认知功能。一方面是'大脑'和'心灵'之间特殊的差别，另一方面是'心灵'和'心灵状态'之间的差别；一方面，需要反映出神经病理学方面的倾向性和意向之间的不同，另一方面是认知的倾向性和意向之间的差别"②。他认为，分析并得出心灵与大脑之间的区别是很重要的。

他把心灵和大脑、心灵状态和大脑状态的分析用图的形式表现出来，使我

---

① 维特根斯坦.哲学研究.第293节，转引自布宁，余纪元.西方哲学英汉对照词典.北京：人民出版社，2001：110.
② Fetzer J H. Philosophy and Cognitive Science：Paragon Issues in Philosophy. New York：Paragon，1997：86-87.

们更容易理解二者之间的差别（图 4-2）。

	倾向性	意向
认知功能的	心灵	心灵状态
神经病理学结构的	大脑	大脑状态

图 4-2　心脑认知差别

图 4-2 说明，心灵和心灵状态都具有认知功能方面的内容；心灵具有某种倾向性，心灵状态表现为意向性的特征。大脑和大脑状态都属于神经病理学结构范围内的物质结构。心灵为了获得心灵状态的倾向性，就会学习和条件的模式，基于此来预设它们的发现。例如，心灵操作映像时，可以在相似关系的基础上预设获得不同颜色、形状、大小等实例辨别的能力。当心灵操作符号方面的内容时，通过使用凸显条件的方法，具有了辨别事物原因和结果的能力，如远处有烟，可能会预测到火的出现。

经验科学往往是根据自然现象来揭示其背后的规律的，它们不仅涉及对人的行为进行可能性的系统预见，而且可以借助解释人的行为发现普遍的一致性或普遍原理，而这些普遍原理都有自然律的特征。我们知道，自然律是自然界中的客观秩序或规律性，它们是不以人的意志为转移的，是人类合理预见的基础。随着经验科学内部详细分工的出现，不同领域的科学家都在尝试发现这些规律的活动。物理学家尝试在经验科学中发现物理定律，化学家尝试发现化学原理，生物学家尝试发现基因、进化规律等。认知科学建立在各类学科综合的基础之上，它的研究者——认知科学家也会尝试发现另外一种自然律，即认知规律。然而认知科学在这一点上却与其他的科学之间有所不同。显然，我们很少怀疑物理、化学等定律的存在，与认知相关的这种情况可能就是另外一回事。从较为宽泛的角度来看，人类活动的过程都可以看作是认知的过程，涉及记忆、推理、判断、决策等活动，对这些认知活动的进一步探究，扩展了许多与认知结合在一起的认知规律的研究趋向，比如，认知心理学和人工智能、人工智能与脑科学、计算机科学与人工智能，不同领域的交叉研究过程就是探索、总结认知科学内在规律的过程。

费泽尔在明确大脑和心灵之间、大脑状态和心灵状态之间所存在的基本问题的基础上，描述了脑与心灵之间的各种认知规律，可以概括为心脑状态同一律、心灵状态因果律、心灵认知刺激反应律、心脑隐射同一律、脑认知刺激反应律和脑状态因果律。

1. 心脑状态同一律

费泽尔认为，人们应该首先思考一种可能的认知规律，这种规律应该是获得大脑状态 B^* 倾向性的大脑与获得心灵状态 M^* 倾向性的心灵的相关联的规律。假定这样的心灵是这样的大脑的永恒性，是合理的，那么，永恒性的关系可以通过虚拟条件"… ==> ——"来表示，当心灵与大脑相关时，这种规律称之为第一种认知规律（LC-1），其基本的形式表达式为：

$$(z)(t)(B^*zt == > M^*zt) \quad (\text{LC-1})$$

其中，t 代表时间，z 代表事物，B^* 为脑状态，M^* 为心灵状态。认知规律 LC-1 主要说明的是：在时间 t 内成为大脑 B^* 实例的任何事物 z 必须同时是 M^* 的实例。换句话说，恰好是具有大脑状态 B^* 的大脑的事物也必须是具有心灵状态 M^* 的心灵，因为心灵 M 的状态可能就是 B 类大脑状态的永恒性。

这样形式化的表达式，可以概括为心脑状态同一律，也就是说，心灵的状态是同一于大脑中的物理状态的。"所谓的同一论或许可以被大致描述为这样一个理论：心即脑，或更为具体地说，心的事件、状态和过程就是大脑的事件、状态和过程。"[①] 也就是说，心脑同一律承认任何类型的心理状态等同于某种类型的神经状态。这样的分析意味着早期的一些发现，特别是围绕心灵和大脑或者说心智与大脑之间的讨论似乎更显得模糊起来。例如，唯物主义质疑主观和客观、心智和大脑的区分，坚持认为表象的背后存在着一个实体，试图把心智和大脑统一起来。但是，心灵与大脑的差别是很大的，不同学者的研究有着不同的看法。早在 300 年前法国哲学家笛卡儿就把心灵说成是通过松果腺来表达

---

① 斯马特.形而上学文集.215.转引自布宁，余纪元.西方哲学英汉对照词典.北京：人民出版社，2001：469.

的体外实体，为身心的相互作用指定了一个地点。洛克立足于经验，使用人的心灵直觉来解释各种观念及其形成。莱布尼茨更是认为人的心灵中存在着一些天赋的原则和观念，人通过这些原则和观念把握事物的内涵和外延。贝克莱的"存在就是被感知"，尽管取消了笛卡儿二元论所面临的难题，但夸大了心智的范围，从而容易导致主观与客观、心与身的对立。关于大脑与心灵的理论层出不穷，而心脑状态同一律表达式给出较为清晰的说明。

2. 心灵状态因果律

费泽尔认为，"如果形式规律 LC-1 为真，那么它就具有支持其他规律的可能性。"① 这充分说明，如果心灵状态因果律是成立的，就可推出其他的认知规律。正如他分析的那样，心灵有三种类型：使用映像的心灵、使用指示的心灵和使用符号的心灵。而使用符号的心灵在某些可能值的限定范围内获得符号能力 SA（symbolic abilities），而这样的符号能力会限定在一定的范围内（SA_1 可能是英语，SA_2 可能是法语，……），心灵会相应地在这样一个限定的范围内获得符号的能力 SA（SA_1，SA_2，…）趋于降低的倾向。这里的界限很难详细地进行说明。但是我们通过分析得知，在一定的值域范围内恰好要得到的某个值会依赖环境并随着环境因素 EF（environmental factors）而发生变化，这些环境因素既包含社会的也包含生理的，它们可能是在更大的值域范围内下降的因素（EF_1 可能是讲英语的父母，EF_2 可能参加了一所讲英语语法的学校……）。于是，在特殊社会和生理环境范围内也能够形成心灵状态 M^* 这样的心灵与具体符号能力处理相关的规律。

这样的话，就出现了与第一种认知规律不同的认识规律。如果我们探究普遍强度 u（"…=u=> ——"）的和或然强度 p（"…=p=> ——"）的因果条件，分别用来表征决定的和或然的因果过程，通过把心灵状态 M^* 与具体符号能力的所获之物相联系起来，就能形成第二种认知规律（LC-2）——心灵状态因果律。它的形式表达为

---

① Fetzer J H. Philosophy and Cognitive Science: Paragon Issues in Philosophy. New York: Paragon, 1997: 88.

$$(a): (z)(t)[M^*zt ==> (EFzt = u => SAzt')]$$
$$(b): (z)(t)[M^*zt ==> (EFzt = p => SAzt')] \quad \text{(LC-2)}$$

其中时间 t 代表了大概的时间范围，时间 t' 则指的是具体的或分散组合后的时间，心灵状态所获得的两种不同的倾向性，即普遍强度和或然强度。换句话说，符号能力（SA）受到环境因素（EF）影响而表现出两种趋向，继而进一步影响到心灵状态所获得倾向性的程度。这里的普遍强度和或然强度都是心灵倾向的两个特征，普遍强度指事物作用于心灵，心灵状态所表现出的稳定的、具有代表性的倾向。或然强度指事物作用于心灵，心灵状态所表现的或然的、可能的倾向。

因此，这种认知规律表征了决定性的因果联系。毫不例外，心灵状态 M^* 的心灵会获得符号能力 SA，这种符号能力 SA 会受到环境要素 EF 的限制。同时它也表征了或然性的因果联系，伴有或然性 p 心灵状态 M^* 的心灵获得的那些符号的能力会受到相应过程的限制。心灵状态展现的这种倾向性特征，正如赖尔所言："具有一个倾向性特征并非处于一个特别的状态或发生一个特别的变化；它是当某一特定条件得以实现时，必定或易处于一个特定状态或发生某一特定变化。"[①]

形式化的表达式展示了这种心灵状态因果律主要受到的影响和限制，或者说，由于各种因果关系的存在反过来又作用于心灵状态和大脑的状态，无论是大脑意在获得的倾向性还是心灵意在获得的意向性，首先承认的是心灵状态与大脑状态的同一，基于此，认知会在各种环境因果条件的限定下，出现相应的变化和调节。

3. 心灵认知刺激反应律

正如我们已经发现的那样，当符号系统出现的行为是具体的动机、信念、伦理、才能、能力和机会组成的复杂因果系统的结果（依赖于世界的状态）时，就会关系到人的行为。各种变化说明了某些具体限定范围内的人会处于 M（M_1,

---

① Fetzer J H. Philosophy and Cognitive Science: Paragon Issues in Philosophy. New York: Paragon, 1997: 43.

$M_2\cdots$)这样的完整的心灵状态中。具有 M 这样的心灵会在映像、指示或符号的影响下做出反应 R（要么伴有普遍的强度，要么伴有或然性的强度）。这种认知规律是第三种认知规律（LC-3），其表达式是：

$$(a): (z)(t)[Mzt ==> (Szt=u=> Rzt')]$$
$$(b): (z)(t)[Mzt ==> (Szt=p=> Rzt')]$$
(LC-3)

这里的 M 代表心灵（mind），S 代表刺激物（stimulus），R 代表反应（response）。当人的行为在某一时间段受到某些刺激物刺激或限制时表现出的反应，同时心灵所表现出的普遍强度和或然强度的倾向。这种规律把作为结果的具体行为反应与作为原因的具体刺激物同心灵状态联系起来。这种认知规律（a）表征了普遍性 u 的因果联系，无疑体现了反应 R 这样行为的 M 这样的心灵受到了 S 这样刺激物的限制。认知规律（b）表征了或然性的因果联系，伴有或然性 p 的 M 这样的心灵体现了这些刺激之下的反应。纵观认知规律（LC-3）我们会发现，它实际凸显了"心理—行为"原则。这一原则主张："任何个体外显行为的肇因是他所具有的内心状态，而且这种'心理—行为'之间的因果关系具有规律性与普遍性。"[1] 依据这个原则我们会推知一个人的某种行为与他的心灵状态有关。例如，你看到有人把你的书弄脏了，你的心理肯定会发生变化，心灵的表现是强度问题，表现在行为上可能是程度的问题。

4. 心脑隐射同一律

费泽尔认为，由于心灵这种系统可以通过认知的各种变化的情况加以描述，因此我们就会更好地思考大脑的潜在神经生理学状态，而这些神经生理学状态就是具有大脑的状态。心灵状态 M^* 的心灵是大脑状态 B^* 的大脑的永恒性。由此推出了他的第四种认知规律（LC-4），其表达式为：

$$(z)(t)(Bzt ==> Mzt)$$
(LC-4)

首先，从这种规律的表达式来看，在任何大脑 B 这样的系统的基础上，可以得到更好的心灵系统。

---

[1] Fetzer J H. Philosophy and Cognitive Science: Paragon Issues in Philosophy. New York: Paragon, 1997: 44.

其次，这一认知规律好像又回到了第一种认知规律（LC-1），但它们是有差异的。第四种认知规律（LC-4）强调的是大脑就是心智，而第一种认知规律（LC-1）意在说明脑的状态体现了心的状态。看似又回到了将心智的运作等同于大脑的运作，将任何心理状态等同于某种神经状态，认为心和脑没有什么不同这样的同一论。或许在一般人看来，存在心灵和大脑两个实体。心的世界泛指我们的感官经验、情感、情绪，我们的喜怒哀乐、爱恨情仇，我们的信念、欲望、想象、判断、思考、规划等心智活动。各种各样的心理现象、心理事件、心理状态及心理机能都构成了心的世界。而大脑就是依据这些心理的变化发生变化的。第四种认知规律（LC-4）恰好说明了大脑所表现出的各种状态就是心灵要表现的状态。

5. 脑认知刺激反应律

大脑 B 这样的系统受到刺激物的影响会产生各种反应，即普遍的倾向或者或然的倾向。费泽尔认为，如果把作为结果的具体行为反应与作为原因的具体刺激物的大脑联系起来，就可以假定下列的形式是成立的，即第五种认知规律（LC-5），其表达式为

$$(a):(z)(t)[Bzt==>(Szt=u=>Rzt')]$$
$$(b):(z)(t)[Bzt==>(Szt=p=>Rzt')]$$
（LC-5）

第五种认知规律（LC-5）中的（a）表明了一种普遍性 u 的因果联系，毫无疑问，B 状态中的大脑体现了行为反应 R 受到了刺激物 S 的限制。认知规律（b）表明了或然性的因果联系，伴有或然性 p 的大脑在 B 状态中体现了那些刺激之下的行为反应。

从认知规律（LC-5）来看，我们会发现这里体现了众所周知的一个原则，即"心物差异原则"。大多数人都相信心与物有相当大的差别。一般物理现象能被观察到，但心理现象无法被观察到。比如，一个人获得了诺贝尔奖，你可能看到他面带微笑，但你看不到他的内心已经是欣喜不已的状态；或外表沉默不语，但内心却波涛翻滚。或者说，行为的表现不完全与心理的表现一致，二者

是有差异的。这恰好回应了第五种认知规律（LC-5）的两种或然的和必然的因果联系。

6. 脑状态因果反应律

费泽尔认为如果把大脑状态 B 与符号能力 SA 联系起来，可以得到认知规律（LC-6）的表达式：

$$(a): (z)(t)[B^*zt ==> (EFzt=u=> SAzt')]$$
$$(b): (z)(t)[B^*zt ==> (EFzt=p=> SAzt')]$$

（LC-6）

这个表达式说明：在时间 t 的事物 z 的大脑状态 B^* 蕴涵了环境因素 EF 映射的普遍性（a）和或然性（b）的符号能力。这意味着，事物 z 拥有符号能力 SA，但这并不意味着事物 z 会在 M 这样的心灵状态中，因为事物 z 可能表现出特殊的信念、动机、伦理、才能等因素，毕竟符号能力的处理只是组成心灵状态出现的一部分元素而不是全部。

这里的意思是像心灵状态特性所表现出的对应符号的能力必须与在动机、信念等完整、特殊、固定范围内的心灵状态做出区分。从宽泛意义上来理解，符号能力 SA（如使用英语的能力）仅仅是心灵状态的一个方面。由此可见，当影响行为的全部相关因素的结果（包括动机、信念、道德、才能和能力）出现时，对刺激物的反应会发生。因为在特定心灵状态中引起的行为会超出符号使用的范围，受到其他因素的影响。例如，你的心里想着要在晚上人少的时候乘公交车到超市购物，你就会等着时间推移到晚上，准备好钱和购物袋，乘车去。在车上你还会想买些什么样的东西，以便节约时间。这似乎说明了心理世界中的状态也会导致必然的与或然的物理世界的现象产生。反过来，当你回来时手里拿着许多东西，有人看见了，会认为你去购物了，你心理又会有其他的反应，可能会自问，是不是自己太奢侈了等问题。这时，我们就会发现心与物之间会产生因果交互作用。

通过上面的分析我们会发现这六条认知规律之间的内在联系。第一种认知规律（LC-1）反映了事物在具体的时间段所具有的特性，成为大脑状态的事物也一定是心灵状态的事物。如果第一条认知规律（脑状态同一律）成立的话，就会推知第二条认知规律（心灵状态因果律）为真。第二种认知规律（LC-2）反映了从 t 时刻最初的心灵状态到 t' 时刻环境因素影响符号能力时心灵状态的变化。而这种变化呈现出普遍倾向和或然倾向的特点。承认第二种认知规律（LC-2）为真就意味着第三条认知规律（心灵认知刺激反应律）也成立，因为符号能力受到环境或生理因素的影响，继而影响到心灵的状态，不管心灵状态是呈现出普遍的还是或然的倾向，都会把心灵和行为涉及其中，这样的话就出现了把作为结果的具体行为反应与作为原因的具体刺激物的心灵联系在一起的情况。与此相对应从这三个规律又推演出后面的三个认知规律。心脑状态同一律（LC-1）和心脑隐射同一律（LC-4）、心灵状态因果律（LC-2）和脑状态因果律（LC-6）、心灵认知刺激反应律（LC-3）和脑认知刺激反应律（LC-5），它们之间相对应的因果条件是交替形成的。换句话说，这样的认知规律表明：大脑 B 的系统和心灵 M 的系统；大脑状态与心灵状态；刺激物和行为反应；环境因素和生理因素；普遍倾向性和或然倾向性之间的相互作用的关系。简单地讲，心灵 M 与大脑 B 这样的系统及心灵状态和大脑状态在刺激物 S 的作用下引发了行为反应 R（普遍的、或然性的强度），而认知的变化会受到动机、信念、伦理、才能等方面环境因素的影响，继而影响到对心灵状态和大脑状态、心灵和大脑的描述。

这些形式化的认知规律以清晰简洁的方式，试图揭示心灵与大脑，心灵状态与大脑状态之间呈现出的各种关系，意在通过类似规律的形式化表达式进行更加细化的分类。然而，每一个公式化的表达暗示了无尽的特殊事例，每一个事例又确定了它们变化的范围。同时，这些公式化的表达式对应着各种现象。我们期望通过这些公式来解释现象背后所包含的信息。面对某种行为反应，我们可以使用认知规律（心灵状态因果律）发现行为人的心灵状态是怎样的，刺激物的影响又是怎样的，心灵状态和刺激物之间的因果关系的普遍程度和或然程度如何。我们还可以把认知规律应用于解释使用符号能力的实例。当我们借助符号来预判未知时，符号引发的确定性和或然性的结果是可以通过心灵与环境之间的相关程度得出。同样遇到需要说明的事物时，可以把实例归入这些认知规律之中，在构想科学的解释中解决遇到的特殊困难。尽管要想对费泽尔阐述的认知规律进行理解和把握，确实有些困难，但这些认知规律的说明至少贴近了当今认知神经科学研究的范围。我们已经知道认知神经科学的研究结果证明，人脑是由上千亿个神经元组成的复杂巨系统，这个复杂巨系统已经超过了单纯的医学或心理学研究的概念范畴，它实际上是一个信息科学的概念。大脑为人类提供了知觉、运动、注意、思维、语言、情感、意识等重要的高级功能的认知行为。

在几百年前，人们还认为，人的认知活动是在"心"里面。最早的脑科学研究可追溯到19世纪中叶，当时一位名叫布罗卡（P. P. Broca）的法国科学家在进行了脑的解剖研究后发现，如果破坏额叶前面的一个区域的话，人就会产生运动性失语症。此后，布鲁德曼将人脑按照功能划分了50多个区，来描述脑成像的范围，分析行为同大脑的区域形成的反应。20世纪生命科学最伟大的发现莫过于沃森（J. Watson）和克里克（F. Crick）发现了DNA双螺旋结构，由此揭开了生命的奥秘，而沃森和克里克也预言了脑科学研究的重要意义。他们从20世纪70年代后期便开始将自己的研究方向转移到脑科学研究方面。著名的裂脑研究专家，诺贝尔奖获得者斯佩里（R. Sperry）指出：精神和意识是大脑的整体性质的一部分。在大脑活动的因果链中，意识经验以不可还原的突现形式出现在大脑过程的较高层次（认知层次）上。这些突现的心灵实体不仅在认知水平上相互作用，而且，对脑组成部分的神经元的活动实施自上而下的控制。这充分说明认知规律与脑科学的研究有着密切的关系。

目前，脑的认知与行为的关系问题是人类在认知过程中必须解决的核心问题。认知神经科学是一门多学科、崭新的、发展迅速的新兴学科，其目的主要是阐明人类认知活动的心理过程和脑的机制，揭示出人类的行为，即人类所表现出来的活动与认知过程之间的关系，如思维、语言、情感等的脑机制及生物学的基础。而在哲学界，普特南对"缸中之脑"的论证体现了心理学与脑科学研究相结合的趋势。在认知过程中，神经元事件可看成是嵌入在更高层次的因果现象之中的。这充分说明，要想捍卫大脑状态不是心灵状态这个观点将十分困难。捍卫大脑的状态不再是对应心灵状态出现的相关解释是很困难的，无疑，那些心灵状态就是那些大脑状态的永恒性。而费泽尔在这种公式化的表达中，出现了一种模糊的暗示，即只要保留了大脑状态的暂时性，心灵状态就是脑的状态的永恒性；而且有时会存在有关心灵状态与大脑状态对应的部分的说明，但有时没有。费泽尔认为，"如果没有认知规律，当然就不会有认知科学。因此，对这种科学的展望会随着与这一活动相应的可能规律的发现，而得到加强"[①]。

大脑状态为了获得大脑的倾向性，在相关条件的基础上，就会在大脑和大脑状态中引发预设各种具体大脑状态的所要呈现的东西（比如，就医包括了治疗的步骤和其他的条件，还包括引发那些变化的个人条件）。而对于大脑和大脑状态最重要的是具体的认知功能（倾向性和意向），它们会通过各种关系与特殊的神经结构（倾向性和意向）相联系。因此，正是由于心灵和心灵状态中存在着这样的认知功能，脑和大脑状态似乎才有意义。正如丹尼特所认为的那样，一旦我们解释了大脑的物质过程，我们就能了解全部。

第三节　认知心理学与思想实验

我们知道，思想实验同人的想象和心理活动是密切相关的，讨论心理学中与思想实验相关的部分就尤为重要。

长久以来，许多学者都十分关注人内心的变化。心理学发展出了几大学派，或者说是几种主要的研究方法，从最初的内省主义，到研究行为与刺激之间关系的行为主义，再到联结主义以及认知主义的发展阶段，每一阶段的发现与实验都是不可分的。因为不管是早期的心理学还是 20 世纪 60 年代以来兴起的认知心理学，它们都有着浓厚的实验传统。例如，20 世纪 30 年代，爱德华·托尔曼以白鼠为实验的手段来探究老鼠建立的复杂表征的状态（认知图谱），并用这些表征结构以新颖的方式解决新奇的导航问题。在人类记忆发展方面，有众所周知的艾宾浩斯遗忘曲线、巴特利特的图式理论、明斯基的认知图式等模型。

---

① Fetzer J H. Philosophy and Cognitive Science: Paragon Issues in Philosophy. New York: Paragon, 1997: 93.

一、艾宾浩斯遗忘曲线与认知图式

记忆研究是早期心理学研究的重要组成部分，提到德国著名的实验心理学家艾宾浩斯（Hermann Ebbinghaus）是毫无疑问的。他是第一位用科学的方法研究记忆的心理学家，他收集了一系列无意义音节，这些音节发音却无意义，也就是那些不能拼出单词来的众多字母组合。经过自己的测试，得到了一些数据，并通过了解学习这些无意义的音节来研究遗忘。然后根据这些点描绘出了一条曲线，发现了记忆遗忘规律并提出了所谓的遗忘曲线（forgetting curves），后来逐渐受到了其他研究者的支持。一般而言，遗忘所指的是人们对于曾经记忆过的东西不能再认，也不能回忆起来，或者是产生错误的再认和错误的回忆，这些都是遗忘。艾宾浩斯在做这个实验的时候是拿自己作为测试对象的，他得出了一些关于记忆的结论。遗忘曲线告诉人们在学习中的遗忘是有规律的，遗忘的进程不是均衡的，不是固定的一天丢掉几个，再过几天又丢几个。而在记忆的最初阶段遗忘的速度很快，后来就逐渐减慢了，过了相当长的时间后，几乎就不再遗忘了，也就是说遗忘曲线指出了记忆会随着时间而消失，他表明在遗忘中有两个可能的过程发挥了作用。除了其他输入外，衰退现象也会使得记忆逐渐丧失。按照艾宾浩斯的说法，记忆会被其他输入的信息干扰，尤指干涉（interference）。干涉肯定是倒摄的（retroactive）和前摄的（proactive），倒摄的例子是先学习表 A 的内容，然后学习表 B，表 A 中无意义的记忆被损害了，是因为表 B 的知识倒过来干涉了表 A 的记忆。你的执行可能受到了以前学习列表的影响（前摄干扰，proactive interference），此外，他还说明了列表项目的位置影响了记忆的执行，学习者对表中的第一个和最后一个记忆得特别好，它们分别体现了首位和近因效应，那些被称为一系列位置效应的内容。记忆的保持在时间上是不同的，有短时的记忆和长时的记忆两种。输入的信息在经过人注意过程的学习后，便成了人的短时的记忆，但是如果不经过及时的复习，这些记住的东西就会遗忘，而经过了及时的复习，这些短时的记忆就会成了人的一种长时的记忆，从而在大脑中保持很长的时间（图 4-3）。

艾宾浩斯对于记忆的研究产生了重要影响。他不仅是这一领域的开创者，而且也用科学的规范和标准操作每一件恰当的事。凭借可控的实验证明记忆怎样被测量的有关讨论取代了哲学有关记忆的讨论，形成了新的认知范式，即记忆是怎样执行的，怎样才能发现记忆的现象，以及记忆与各种独立的变化之间的相互关系。这种认知范式讨论了错误的来源和测量不可靠性的问题，解释并且证明了一个人怎样在心理过程中测量出好的等级，科学上认为心理过程是很难解释的，说明了高级的心理过程怎样服从涵盖了低级过程的普遍规则，详细而有力地指出学习和记忆之间存在的密切关系。艾宾浩斯实验的一个重要的方面是无意义音节的使用，他的观点是，每一个无意义的音节是同等记忆的，这因为它们没有一个会组成有意义的音节。这种方法使用了一段时间，直到研究者强调了意义也是记忆重要的部分。认知范式反映了人们对事物新看法的革命性改变，正如库恩的范式（paradigm）那样，从新观点的提出到广泛认同，不是积累的过程，而是对一种看法的改变，艾宾浩斯的实验方式成为在抽象和理想化条件下研究神经活动的工具。

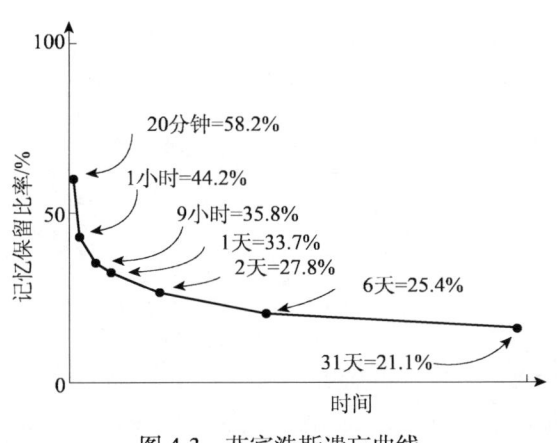

图 4-3　艾宾浩斯遗忘曲线

艾宾浩斯解决了认知心理学家或实验心理学家在他们工作中所面对的三个问题：把不可观察的心理过程转变成可观察的行为；可靠地测量行为；并且说明行为是怎样通过相关要素和条件相互影响的。在对艾宾浩斯工作的评价中，威廉·詹姆士（W.James）指出："艾宾浩斯博士的尝试和独创性是一样成功的，带来了两种观点,首先似乎可以看到的是不容易证明的,第二是直接进行的检验和实践,并且为每一种观点都提供了成功的说明。"[1]艾宾浩斯研究记忆的特殊方法很快被其他的回忆和认识的内省方法所取代,这是他不希望看到的。但是他的成就依然存在。他无疑是说明复杂和无意识心理过程怎样能够通过认真系统观察的客观方式研究的先驱。就此而言,他为现代认知和实验心理学开辟了道路。

二、巴特利特图式理论

除了艾宾浩斯外,还有一位实验心理学家巴特利特在记忆研究方面有着独到的见解。他的理论不同于艾宾浩斯的理论,他对现在认知科学的主要贡献在这三个方面:"生态有效性"实验的任务、人类记忆重新建构的方法、建构了表征通识的图式理论。为了对其记忆数据进行说明,巴特利特提出了"图式"的概念。他主张大量的知识是由把握世界的一般部分的无意识的心理结构组成的。他认为在故事回忆中所发现的变化能够进行说明,假定"图式"操作即将到来的信息,填补记忆中的不足,并且合理化了结论性的记忆表征,提出了图式理论。他认为识记不仅是形成联想,主要是追求意义,把认识纳入一定的意识图式。他认为图式是指过去反应或过去经验的主动组织过程,它不仅使个别成分一个接一个地作用起来,而且将它们组织成为一个统一的整体。在他的记忆过程中,图式起着重要的作用,因为在记忆过程中,人们总是不自觉地改变事件的某些细节,使整个事件更符合已有的图式,认为人总能在不知不觉中将新的事物纳入自己的图式中,并不断地对已有的图式进行重建。他认为既往事件的记忆不只是简单地保存和再现,而是受文化态度和个人习惯渲染的一种心理重建的过程,而且这个过程是在一定的社会环境中进行的,具有一定的社会性。

他通过实验证明了人们对一个事件很少在其发生的时候被如实地知觉到,观察或知觉中的遗漏部分在记忆过程中进行重建时,被以往的经验所填补。巴

---

[1] James W. Principle of Psychology. New York:Holt, 1980:677.

特利特公布了重要的实验，该实验意在说明信息是怎样在大脑中存储起来的。巴特利特让参加实验的人阅读故事，故事的情节不同寻常，内容也很极端。然后再让参与者说出相关故事的细节。巴特利特采用图式来解释所发现的不同内容。他认为，当主体把图式与输入的内容进行匹配时，信息与图式相符，记忆的内容就存储起来，相反则不能。

另一个实验是试图调查记忆意义的影响，也使用了不寻常的故事，如果你读故事本身，并不会理解，而把读故事的人分成两组就容易理解了。一组只读故事并且检验记忆的细节，而另一组收到帮助人理解故事的图片，那些弄懂了所读信息的主体也能记忆更多所读的内容，特别是当他们在阅读故事前看了图片的情况下这样的研究表明了当我们获得的信息越多，我们记忆得就更好，并且我们能用我们早先的知识和经验弄懂所提供的信息。这也是记忆使用的一种方法，它给先前无意义的信息链增加了意义。例如，数字 16041980 可能很难，需要长时间的记忆，但是当你把它以你的生日标记的话就很容易记忆，只有这些数字对你有意义的，你才能很容易地记住它们。

巴特利特调查研究了有关民间故事的回忆，并且注意到发生在这些回忆实验中的许多错误。为了对这类错误进行说明，巴特利特提出，人类无意识的心理结构的形式（图式）内拥有对一般知识的重要说明。这些图式与即将到来的信息在回忆中相互作用产生了图式化的常规错误。巴特利特的图式建构与当时心理学中占主流的内省主义的观点是不协调的，因而，在心理学中研究记忆的图式概念没有成为研究的主流趋势。

三、明斯基的认知图式

巴特利特的图式理论虽然没有成为心理学研究记忆的主流，但是在计算机科学家明斯基的研究中图式的建构得到了显著的恢复。在人工智能的早期阶段，明斯基关注了设计计算机模型来确立人智力的困难。他读了巴特利特于 1932 年出版的书后提出，人可以使用组织管理严密的（top-down）基本图式信息来执行许多的心理任务。巴特利特有关记忆的研究对明斯基的观点产生了影响。在他著名的论文中，主张使用框架（如图式）来把握所需的知识。"依照框架的新形式，图式的建构对人类记忆的心理学的研究产生了广泛的影响。"[①]

明斯基的框架包含了固定结构信息的知识结构。它们具有容纳一定范围内容的空位，如果外部的世界没有提供信息的话，每一个空位都可以使用省略掉的部分加以补充。例如，如果一个人和一台机器尝试表征一间特殊的房间，通常教室的框架包含了这一房间固定的信息，诸如墙、房顶和门，也包含了各种类型灯的空位。如果没有提到有关灯的特殊信息，框架就会提供对这个省略的位置的补充。比如，一个人刚好路过瞥了一眼这个房间，并没有抬头向上看见灯，那么框架的补充就是灯可能是荧光灯。因而框架建构用于为没有觉察的信息提供说明或描述，或者说，通过片段的表征，体现了整个对信息框架更多的结构说明。图式假定了对人类知识显见形式（molar forms）来说明的心理学建构，即显见的行为是有目的性的，是根据环境中的目标和导致这一目标的手段之间的关系表现出来的。在明斯基那里使用的是"框架"（frame）这个词，从本质上来讲，图式和框架是同义词。只不过明斯基在心理建构和人工智能这两个方面使用这个术语。认知图式是有关特殊观点的知识的组织，图式包含了与一类范畴全部成员联系的特征或属性。它们以简单的联系发展为更为复杂的结构，当一个图式逐渐成熟缜密时，图式表征的内容就会更广、更有条理，这要比简单的认知图式包含更多的细节。认知图式能够通过直接的和间接的方式获得。直接的认知图式能够通过认识事物的发展变化所对应的各种心理过程以及反复的确证得到。间接的认知图式可以通过故事、神话、电影、交流、角色的模仿习得。

无论是从艾宾浩斯的遗忘曲线还是巴特利特的图式理论以及明斯基的认知图式来看，毫无疑问，我们都看到了某些用图或表所呈现的内容。这些图式不仅仅包含了表征的信息，同时也包含了认知的信息。或者说这样的认知图式表明了记忆发展变化的阶段以及变化的程度与广度。尽管两者在记忆方面的理论是有差异的，但是它们的尝试并没有离开个体的经验积累以及对观察的概括。

[①] Wilson R A，Keil F C，1999. The MIT Encyclopedia of the Cognitive Science. London：The MIT Press：67.

这样看来，这些认知图式一般是通过具体实例的经验所构成的。尽管"图式"这个术语康德和皮亚杰都曾使用过，但是在认知科学中这种建构主要来自巴特利特有关心理学研究的方面。图式理论不仅仅在认知心理学和人工智能内受到关注，而且图式理论也能在社会认知中找到。社会认知图式的类型大体包括了个人图式（特殊个体的技艺、能力和价值的属性，这种形式常常被称为某人的个性）、事件图式（认知的脚本，我们特定的处理任务和问题中遇到的过程、实践或方法，我们面对某种刺激物所召唤的程序）、角色图式（包含了各种角色的期待，我们怎样期待个体具有行动的某种角色）、自我图式（从目前的状况和过去的经验抽取的自我概括，依据特性、能力和价值自我感知，适用于特殊任务的自我动机）。不管认知的图式怎样变化，都具有知识表征的特点。或许，认知图式的背后还隐含了更多有待发现和探索的问题。

第四节　认知语言学与思想实验

语言在认知过程中扮演了十分重要的角色。语言不仅仅是"说"的行动，而且是在说中表达各种各样的事物和实在，比如，我们谈论的一个事实、一个事件、一则新闻、一种恳求等。语言是否在说的过程中真实地反映了现实的存在呢？我们怎样才能讲某种语言，并且在说中讨论某事、某物，处理这些事与物呢？关于语言的疑问还远远不止这些，进一步的问题会涉及有关心灵的世界。

一般来说，语言常被认为是区别人与其他动物的、人类特有的一种更宽泛的交流系统。在这样的交流系统中自然会形成认知语境。20世纪70年代开始兴起了一门新的学科——认知语言学。认知语言学不只是单一的语言学理论之一，除了描述语言学内的词形变化外，它把语言和认知能力之间的密切关系连接在一起。到20世纪80年代中期，认知语言学包括了各种主题研究的延伸，包括句法、语义学、音韵学、演说等方面的内容，诚然这些方面的内容与认知语境相关。

一、语言的认知语境

20世纪以来,有关语言的研究大多数集中于有声交流的方面,如声音、语法和意义。语言研究的范围关注于语言的能力。1960年,语言学家查尔斯·赫哥特(Charles Hockett)主张用限定的术语"人类语言"来纠正那些有关语言所指之物的有声的、依句法的、专门性交流的范围,抽象地表明意义是在说话的语境中独立确定的。20世纪50年代以来,大量有关语言能力知觉的基础研究、句子的构造和语言的意义已同语言的心理学功能结合在一起,因此,各种语言的意义在特定的语境中通过符号和构句,在控制行为方面形成了一套认知的经验格式,而语言认知就是通过理解语言怎样进行专门性的指称和构句,把"纯语言学"人类交流的行为功能范围作为对语言学意义的语境指向。这种语言的认知语境包含了大多数流畅的交流环境,即社会的、实用的以及从主观意志出发有效的某种行为方式。如果是这样的话,我们也可以把书面表达的技能看作是有关言语、说话及思想表达的另一种方式。语言学家奥尔逊(Olson)认为,"我们应该依据我们的手迹形成的类型来反省我们的语言"[1]。

这种观点声称:语言学的单位是运送抽象资料的容器,以可视(in vitor)的方式形成特定的功能,这种功能区别于其他的功能和本质,它可能存在于有机体的整个面对面的交流中,其他的单位有赋予它们上升为独立性语境的可能。洛克认为,"语言是社会相互作用和情感表达的媒介,语言学家忽略了这一规则"[2]。他把人类交流中一般的"说"同受限定的"演说"这两者进行了区别,他认为通过语言交流所获之物,起初被处理为语言的对象,建构了一种基本的相互作用的社会框架,进而由演说所获得。显然,限定了的演说是在这样的语境中进行的,语境限定了所要表达的范围与交流的内容,所陈述的内容恰好又是以最初一般的说法为基础的。认知和实用语言学家试图在实践的经验中解释表层语言,并且排斥语法同意义的分析界限。语言学家郝克特(Hockett)在《语

---

[1] Robert A, Keil W F C. The MIT Encyclopedia of the Cognitive Science. London: The MIT Press, 1999: 439.
[2] Locke J. Phases in a child of language. American Scientist, 1994, 82: 436-445.

言意味着怎么样》(*How Language Means*)一文中认为,"在语言的使用中,在语言和副语言之间、专门性语言和模仿性语言之间描绘一条鲜明的界限是困难的"①。他主张把语言同交流作为一个整体来研究,从中了解语言。就如同奎因和戴维森(Donald Davidson)所主张的那样,一个句子的意思是由它在整个语言中的用法确定的。

这里的语言认知并不是简单地认识语言。我们把握世界之前,已置身于一个特定的语境中,在我们的潜意识中设置了正确或不正确理论所编织的看似极为合理的境域。正像海德格尔说的那样,"人的表达总是一种对现实和非现实的东西的表象和再现"②。这无疑是说,把语言置于特定的语境中,才能达其文,表其意。语境主义也主张一个原理的意思是随着其所处的不同的非逻辑语境而改变的。意义必定受特定的历史、语义学、社会和政治观点的限制。每一种语言适应一种独特的文化和社会环境,在表达上也有所不同,文化的适应性又组成语言文化的中心,语言的差异在文化方面可能是最为持久的,文化的回应表明:每一种语言都可以为另一种语言的变革提供新的认知语境。

二、语言的一般认知模式

语言是一种在线的、相互作用的,同时也是具体的和特殊的人类认知的组织形式。单纯把语言看作是一种使用工具并不恰当。有关人类认知的大多数模型是人类在社会中不断地实践和应用时分离而来的。就语言本身而言,处理文化变化是语言认知能力的中心特点。根据一定的文化背景,语言不仅可以说或标记,而且也可以通过判断声音、意思或者将二者结合起来,以某种书写系统形式表现出来,也可以借助手势系统来加以标记和传达。丘奇兰德(Patricias S. Charchland)认为语言有"认识压缩"的功能,它有利于将世界分门别类,把概念结构的复杂性减低到易于处理的程度,例如,单词"螺丝刀"就代表了一种工具的多种表象,其中包括它的操作和用途的形象描述、用法的具体举例、工

---

① Robert A, Keil W F C. The MIT Encyclopedia of the Cognitive Science. London: The MIT Press, 1999: 439.
② 海德格尔. 在通向语言的途中. 孙周兴译. 北京: 商务印书馆, 1999: 86.

具的手感以及与之相应的手的运动。"语言本身就根植于那种感性和超感性之间的形而上学区分中；支撑着这种语言的结构的基本要素就是二分的，一方面是声音和文字，另一方面是含义和意义。①"语言在认识上具有用一个符号就可以将许多概念糅和在一起表达出来的特性。这样看来，在语言认知的过程中，人对语言的认知是可以用认知模式来解释的。在这些模式的基础之上建立更复杂的概念，应用这些复杂的概念能在以前难以实现的水平上进行更为细致地思维。一般的认知模式主要有三种：逻辑认知模式、社会认知模式和心理认知模式。

1. 逻辑认知模式

通过学习一种或多种语言，借助不同的理解对象了解外在事物以及自身时，先获得一个表层的认识。语言在这时只不过是一种表达的方式或者也可以视之为一种行之有效的工具。对于语言的使用，法国后现代理论家索绪尔（F.de Saussure）认为，言说可以呈现世界。语言符号同其内容之间形成了某种本质的和直接的联系，能指同所指就具有了单一的稳定关系。这样就表明：人类在使用语言认识事物时，从认识简单的事物到复杂的事物、从事物的外在表象到深层的本质，就会形成演绎或者是归纳性推理的逻辑认知模式：

言语交流→逻辑推理→逻辑判断→形成认知。

例如，在与一位犯罪分子面对面的谈话中，通过与他进行语言沟通，进而了解他的出身、家庭背景、教育背景等各个方面，可以推知他犯罪的动机和作案时的心理活动。这种逻辑模式存在于大多数人的认知过程之中。然而，我们面对某种语言的逻辑分析，主要是关注语言语句的逻辑形式，句子的语法形式和逻辑形式之间会形成怎样的区别与联系，忽略了语言表达构建的逻辑推理和逻辑判断。一个句子的意义不是句子本身而是句子的表达意图。脑科学的研究表明：对于那些脑部受损伤的人，特别是发育中语言损伤的人而言，脑损伤将会影响语言认知的模式及其有效性，从而导致理解上的混乱。研究进一步发现有诵读困难的成人，或者有语言学习损伤的人表现出明显的生理听觉的不足，

---

① 海德格尔.在通向语言的途中.孙周兴译.北京：商务印书馆，1999：4.

尤其是较为缓慢的听觉处理速度及对事物的分析能力的不足,将会影响他的认知状况,无法形成正常的逻辑推理模式。

2. 社会认知模式

我们常说人是社会中的人,这无疑已经打上了社会的烙印。有人认为语言是一种文化的革命,完全没有必要去思考语言的本质及语言的认知过程。持这种观点的人夸大了文化创造语言的作用。实际上,语言不是唯一由人类主体构成的世界观的形式,但语言所具有的独特的创造力必定赋予人类发展史一个特殊的尺度。语言通过对外部环境的内心领悟和改善,使得一个民族能够将一个如此不同的形式赋予它所传承的语言,以致语言成了一种完全不同的新语言。这一过程并没有改变语言的语音,更没有改变语言的形成和规则,而时代通过不断增长的观念发展了,增强了思维力和不断深化的感受能力,语言以前所不具有的东西被引入其中,进而把某个不同的意义置入相同的外壳中,把某种不同的事物置于统一标志之下,根据相同的连接法则来说明不同层次上的观念过程。在认知的过程中,语言体现了认知的社会模型,社会认知模型的认知过程为:

言语→交流环境→社会共同体的影响→信息加工→形成认知。

由于语言的认知会受到文化、性别、思想、环境、国家制度等一系列社会因素的影响和制约,每一种语言适应一种独特的文化和社会环境,并且在表达上也有所不同,这种文化的适应性构成了语言的文化中心。自然语言的发展是最为明显的,学会自然语言并且通过社会的相互作用,可能构成最复杂的认知任务。在相互作用的语境中,自然语言的许多方面才能被理解。这种社会认知模型往往依赖于对事件的片段和个人的知识的理解,而这种理解又是建立在社会共同体所形成的信念之上的。模型的建构涉及某些社会文化方面的内容,模型是基于对这些事件的理解、记忆和表征的。也就是说,语言的社会认知模型体现了社会共同体形成的共识和信念,语言所表达的独特的自我意识恰恰是人类社会活动的一种认知的表征形式。

3. 心理认知模式

借助语言来了解一个事件或者是某种发生的状况，无形之间难以把个人的态度、情感与当下的情景剥离开来。这样一来如果我们要把所经历的事件表征出来，离开心理的表征无疑是很困难的。例如，一个人感到恐惧或经历过巨大的打击时，他的语言会潜意识地流露出不安，听者会感到这种不安的情形。说者与听者本能地构建了相应的心理表征的形式，即语言的心理认知模型。心理模型往往会使人对曾经亲历的某个事件、某种行为提供更为详细的和经验性的暗示。为了进一步了解一个事件、一种行为、其他人的性格和品质等方面的信息，会在此基础上建构一种理解和认识。然而这种理解和认识或多或少并不是完全正确的，因为每个个体自我的差异不同，这就会影响到这种理解和认知。

心理语言学借助认知过程研究语言内容本身，把非动态的交流意图转化为动态的行为。这样转化的过程肯定会把概念或思想翻译为话语表达出来，形成了说者与听者之间的联系，以及听者对话语信息的反应。想象一下，教师让学生找出一幅画中的十处不同的地方。这样的过程是以交流为意图开始的，教师与学生之间的互动依赖于这个信息。学生得到这个信息后的第一反应不是弄清楚信息的结构、语法，而是看图找，心理活动暗示了信息提供的数字和不同处，进而构建自我的语言表达模式：

言语（话语、行动）→获取信息→加工过程→心理反应→语言表达。

心理认知模式同样会受到前面提到的两个逻辑认知模式和社会认知模式的影响，二者可以说是相互交叉、相互渗透的。当我们在谈论语言所构建的逻辑、社会、心理认知模式时，更为重要的是这些模式离不开相应语境的。接下来，本书将着重论述语境认知模型。这就是说认知是依赖于语境的。

三、语境认知模型

在语言的结构关系和言语的使用方面，我们都不应忽略众所周知而又不易引人注意的一个问题,即语言的认知语境。语言的使用不仅仅形成和更新了它们交流的事件情景及形式,而且语言参与到所交流事件的环境中了。在某个交流的系统中,演讲者与听者、医生与患者、读报纸和看电视、课程的参与者需要检测自我遇到的问题。在诸如此类的场景,听者和说者彼此相互交流,形成语言交流的范围。概念化的表征就会构建一个新的认知模型,即语境认知模型。

1. 语境认知模型的结构

语境认知模型的结构与其他的模型很相似:一个交流的事件或情景就是一个语境,这个语境不同于人们所参与的其他事件,然而又是相互作用的。在这样的语境中,行为者把自我表征为语言的参与者,当下的言语、行动形成了当下的认识及判断,也就是说,模型的范畴包括了我们所知道的交流状况和语境规定的结构的、心理的相互作用,例如,设定的时间、地点、环境、参与者和行为、参与者之间的关系。这就意味着我们在一个特定的理论框架下,交流探讨事件的多个方面,例如,事件的内容、目的及意义等。语境认知的过程为:

叙述事件(言语的和行动的)→语境影响→内心体验→认知形成。

语境认知模型的结构可以说是建构在一般的认知模式的基础之上,也就是说,语境模型在范围上要比逻辑的、社会的和心理的模式的范围更广,涉及的内容更丰富,它的结构如图 4-4 所示。

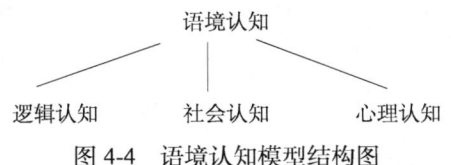

图 4-4 语境认知模型结构图

在这样的模型框架下认知不同的事物、事件是很深刻的。比如,对亚里士多德的重的物体比轻的物体下落得快这种观点的分析,我们肯定以当时的历史背景、他生存的年代和社会,以及他是基于怎样的情况下分析得出的加以剖析。

在这样的语境下,就会做出对错的逻辑推理、社会群体的心理认知和认知判断。

语境认知模型形式大多是个别的、私人性质的,因此,个体的主观解释和交流事件的经历背景客观上限定了言语的表达。比如,教师讲课,面对不同年级的学生授课,或者是同一年级的学生授课,即使内容相同,其反应也很难趋同,这是通过授课效果反映出来的。因此,语境认知不能简单地被认为是语言的环境,它涵盖了一个事件发生、发展的全过程,即事件交流的时间、地点、背景等构成事件的要素,交流语境中说者的目的、意图、内容,还包括听者的言语、行动及反应等诸多因素。

2. 语境认知模型的功能

语境模型常常用于某个交流的事件和论述,也常用来说明参与交流的人彼此之间的意图、目的、观点、期待、态度以及其他的信念等不同的层面。一般而言,语境模型拥有多种多样的交流功能。这些功能会影响谈话或者论述的结构和内容,反之亦然。

首先,语境认知模型充当了交流与论述的媒介。语境模型的一个重要功能就是在交流的事件或者论述的背景之间进行调解,这是由于在一个交流系统内很难注意到参与者心理变化的许多方面。一般的语言交流是为了说明事件的来龙去脉,而语言认知模型表征了事件存在的内容,以及语言使用方面的知识。这样的知识可能会借助认知者的观察或经历详细地加以说明,并且在交流的基础上加以整合,得到一定的认同。这样的知识整合的框架通常是在论述与谈话中表达的。详细地讲是因为语言的使用能很自然地提供参与者自己积极的、推断性的信息,或者是个人建构性的和社会性的信息。也就是说,语境认知模型在交流系统中是潜在的不可或缺地通往认知的一个过程,交流与论述同它的模型之间的表达是有很大不同的。换句话说,语境认知模型在信息提供方面比其他模型更加丰富,在理解方面更是多层面的互动。

其次,语境认知模型结构的构建使它具有了整合功能。没有两个人的言语是一样的,因此即便是有人从两个地方拿到相同的手稿,也能辨别出不同,这说明了语言在交流中的变化和整合。在这个意义上，这种变化和整合是渐进地、从无序到有序地进行的，可能不会引起多数人的注意。然而，历史学家也认识到语言有时会突然变化，在相同的时间内同时发生几种变化，那么就会进入相对的累积，处于暂时的整合和调整中。比如，一个说者想要讲一个有关私人事件的故事，记者想要写有关政策的事件，学者要写一个研究性的论文，他们所面对的是事件和谈及的信息应该怎样来表达，什么情况下不应该或者无需把真实的想法或心理的变化、实践的过程在谈论中表达。很明显掌控这种选择的分析策略是以谈话者和交流的语境心理模型所提供的信息为基础的。在语境认知模型中唯一的信息与当下的语境所表达的论述必然地相关联。对这种相关的说明需要形成详细的有关语境结构，通过交流的意图、内容以及接受者的知识得以完善。例如，宣传孝道的讲座，我们姑且把它看作是一个语言交流的认知语境，如果听者知道《孝经》，而宣传者相信有人不知道《孝经》，他就会展开来讲，使未知者知道或者对其了解并感兴趣，由此《孝经》就包括在了论述之中。那么参与者共有知识的部分就需要把涉及的典型的语境条件作为参与者的兴趣。语境背景信息的重要性强化了同参与者之间的社会关系，以及与其他事件之间的关系。这就是说，语境认知模型控制了讲述者构想的事件模型规定的语义内容，即语境认知模型控制讲述者构成事件模型的有关信息。这样的论述会依赖于讲解的当下语境和历史性读物产生的语境展开。在逻辑的、社会的和心理的基础上整合所有相关的知识和内容，这种整合功能具有了语用的色彩。

当我们在讲语言的时候，出现了有关语言与语境、语言与认知等问题。语言在人类的认知过程中扮演了十分重要的角色，是人类获得新知识的一种主要的途径。语言的认知模型不仅仅是限于以上所列举的逻辑认知模型、社会认知模型、心理认知模型和语境认知模型，它肯定还有其他的模型或认知的方式。这些语言认知的模型在不同的认知语境中发挥着令人瞩目的作用。我们对认知和神经机能的语言形成的原因了解得越多，就会对语言认知是如何发展的，哪些部分适应于不同的目的，哪些是偶然的事物等问题知道得越多。或许更为重要的是，我们已经在语言认知的不同方向上获得了某些启发。语言的变化恰恰说明了我们关注语境模型和论述结构会影响到语言的变化。语言在语境认知过程中的变化蕴含了对事物的认知判断。因此，语境可作为说者的心理表征。然而表征语境结构是很复杂的，这就意味着我们仍然不知道语境模型在交流和论述中是怎样形成的。语言的使用者明显是建立了当下言说的语境或者升级了他们言说的心理表征及对社会环境的心理表征。然而，我们需要知道的是这样的心理与社会的环境是怎样在语境的认知层面上分析和表征的。随着认知科学的不断发展，有待于对语言认知语境做深入的探讨。

本 章 小 结

本章是针对认知科学中思想实验的认知机制展开的。详细讨论了带有思想实验色彩的符号系统假说，意在通过这样的一个基点把认知看作是一个符号系统，可并没有简单地认为认知仅是符号系统的操作，因为它也能操作认知符号系统内的事物，还具有计算整合的认知功能。对中文屋思想实验的讨论指出了语言与思想之间的密切联系的观点甚至比思维和计算性之间密切联系的观点更合理。一旦语言是计算的现象，通过机器符号化操作的模拟来解读人的认知理解就成为可能。普特南的"孪生地球"、"缸中之脑"思想实验说明认知意义和表征不仅是在头脑中，而且是与语境相关的。脑科学方面的黑箱之喻强调大脑认知的关系：大脑和大脑状态具体的认知功能（倾向性和意向），以及它们特殊的神经结构（倾向性和意向）。本章还探讨了认知心理学中艾宾浩斯遗忘曲线与认知图式、巴特利特的图式理论与明斯基的认知图式。这些认知图式是认识事物发展变化所对应的各种心理过程，是有关特殊观点知识的组织，具有某类范畴全部成员联系的特征或属性。最后，提出语言的三种认知模式，即逻辑认知模式、社会认知模式和心理认知模式，并分析论证了语境认知模型。

第五章 基于思想实验的认知模型

在前几章的详细论述中，我们能够发现：我们对于思想实验的理解和认识，从最初引人入胜的细节，再到体验式的感受，进而产生期待的结果或是灵感。思想已经不再是一个简单意义上的"实验"，更像是一次奇幻的经历或冒险。思想实验作为如此这般想象的实验，我们已然不能仅视其为简单的、用于科学发现和论辩的工具，而是依据它的特征和应用把它看作是一种可行的、不可忽视的认知模式或认知模型。

思想实验认知模型的特征主要体现在三个方面：回想内省描述、逆向转换联结和整合推理。回想内省描述重在指构想者在构建一个思想实验的场景时借助了心理的特质"回想"和"内省"，在心中进行实验，不需要任何物质实验设备；逆向转换联结是指预设了某个事件的结论，或假定了一个事件以及呈现出一种反事实的状态，通过逆向思维，联结各种潜在条件，实现换位思考；整合推理是指基于回想内省描述和逆向转换联结，凭借演绎、归纳和溯因推理，判定理论的可能性和恰当性，从而得到合理的推论。这三个特征体现了人类在特定的语境条件下独有的认知过程，同时也揭示了思想实验作为认知模型特有的功能。该模型的功能主要表现在解释一致性、潜在的操作过程以及大脑认知和心理变化的融合这三个方面。

第一节　思想实验认知模型的构成和特征

思想实验可以作为一种特殊的、在头脑中设计完成的认知模型，即基于思想实验的认知模型，如图 5-1 所示。

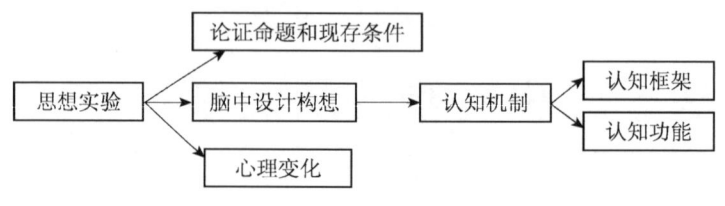

图 5-1　基于思想实验的认知模型

我们可以看出，基于思想实验的认知模型是由外在条件和内在因素构成的。外在条件涉及有待论证的命题和现有的实际条件；内在因素包括了构思者当下的一种思考和想象的设计状态。思想实验的构想是建立在已有知识和经验的基础之上的，构想者要么是通过预测设法获取新知识和新信息，要么是为了反驳原有存疑的理论。他们会借助现存的实际条件来完成思想实验的构想，这样的构想会预期实验所产生的各种关系，并以不同的方式进行推理，期待出现各种可能的结果。在这样的预期和推理过程中，必然会体现出产生各种关系所表现出的认知功能、认知机制以及认知者的心理变化等相关内容。

从传统经验的角度来看，思想实验只是心理的活动，不是一种特殊的实验，它们是对理论模型的探究和改良。由于思想实验是抽象的实体，它的操作和实施是在不同类型的系统方面铺开的，在此，思想和实验是非描述性的，因此一般意义上来讲，它所涉及的是理论操作而非实践操作和改良。它们提供的新知识包括了该模型所具备的条件，以及对条件的不断调整和认识，这种理想化的改变是为了接近潜在问题内在的条件，或许如此理想化的条件从未实现过，但是思想实验却展现了理性论断的过程而非只是给予问题领域的直接启示。有时构想符合需要的思想实验模型就像是数学或科学模型的使用那样做出解释，如拉卡托斯（Imre Lakatos）对数学步骤的解释。

一、回想内省描述

　　这里的"回想"特指记忆和回忆两种心理过程。一般来讲，记忆是人脑通过视觉和听觉（眼睛和耳朵）收集信息进行记录，人脑对经验过事物的识记、保持、再现或再认，它是进行思维、想象等高级心理活动的基础。有时记忆经过大脑对信息的重组会产生突发的灵光一现，即所谓的灵感。回忆与记忆有所不同，回忆是恢复过去经验的过程，是记忆（识记、保持、回忆与再认）的第三环节。回忆是指过去的事物不在面前，人们在头脑中把它重新呈现出来的过程。记忆中的东西不一定能回忆到，但是能回忆到的东西一定是记忆中的内容，回忆的东西不一定是曾经发生过的事情，有些是经过大脑在潜意识中处理过的，那就成了幻想。这样，记忆的事物是客观存在的，而回忆则是大脑对记忆的一种处理结果。思想实验是与回想密切相关，它借助记忆和回忆二者的结合来进行描述。

　　马赫把思想实验描述为使用千变万化的直觉形成自我意识学说的一种方式。在心灵的实验室中构想或设计这样的实验，离不开最基本的感官体验。这种体验不是通过感觉系统能够触摸到的，而是在一定程度、一定条件下的描述，它体现了从想象到内省的描述。某些隐性知识或许储存在大脑中的某一区域，要把这些隐性知识转变为显性知识，是不能直接通过经验进行的，它们在很大程度上表现为对所预测的和未经历事件的体验，抑或一些先验的知识。我们对新知识的理解，实际上是重新唤起旧知识的过程。恰好思想实验会涉及对旧知识的回忆，会使现存的知识再现于一个特定构想的情景中。例如，设想并描绘人类在火星上的生活状况，这样的状况是在目前人类适宜居住的星球、适宜的必要条件的基础上做出的。我们通过构思一个巧妙的思想实验，不断进行感知觉的回忆，丰富了我们想要解释的内容。因此，我们可以从一个个的思想实验中来探究构想者的建构情形。

　　首先，思想实验的构想者会依据现存的知识和经验进行回想，所得到知识或许不具有可靠性,这是因为有些偶发的解释是不可靠的。哲学家凭借记忆和分析之间的类比逐渐形成了更为深刻的印象。由于回想为我们提供了一个个似真的例子,即使没有获得新知识,也会形成认识上的提升,或许还能从这里面得到意想不到的结果。确定的回想和模糊不确定的记忆之间存在的差别推动了一个思想实验对未来知识的推断。如果实验者记得 p,当且仅当实验者知道 p,是因为实验者在过去是知道 p 的。以物体下落为例,伽利略回想了两个不同质量物体下落的状况以及它们之间的差别:重的比轻的下落得快。尽管后来他洞见到,二者在真空条件下下落速度是一样的。不同的回想的确回答了有关思想实验的问题。实验者追忆过去的经历、体验过去的感受并非没有好处,他们凭借思想实验的不完全记忆也能获得成功,就如同牛咀嚼并且重复咀嚼反刍的食物一样。一个思想实验者按照新的兴趣、新的能力和近期获得的信息和概念,能够再一次加工记住的经验,并随着时间的流逝,重新认识过去不真实或不确定的事件。回想过去经验的能力让我们注意到对未来的预测以及可能的变化。这样的回想加工使我们从过去的证据中获取了更多的心理体验。

其次,思想实验作为认知模型的另一个隐性特征是对所构想的思想实验聚集了内省记忆的描述。内省一般是指直接意识或注意自己心的状态和活动。按照赖尔的说法,"'内省'这一术语被用来指一种被认为是知觉的东西。就像一个人可能在特定时刻听一曲长笛、品一口酒或注视一个瀑布一样,他也可以在非视觉的意义上注视他自己当前的心的状态和过程"[①]。内省是心理学的研究方法之一,是人对于自己的主观经验及其变化的观察。人可以在不同的情境中观察经验的变化,也可以在同一情境中重复观察心理的经验。内省不是指在心理现象发生的此时此刻进行观察,而是指对心理现象所遗留的"最初记忆"的观察,所以这样的内省过程不会妨碍心理现象的进行。也可以说,内省就是关注一个人自己心灵的活动方式。

内省一般被想象为某个人对自己心理状态的内部感知。于是,出现了与外部事物感知相同的问题。虽然如此,内省使得理论家把它看作是更基本的过程。

---

① 赖尔. 心的概念. 徐大建译. 北京:商务印书馆,2006:163.

如果我们能够形成对外部情景的判断，就有可能内省这样的情景。这些推论来源于意识的内容，而内省预示了直接接近意识的内容。我们对感知的理解就可以凭借这些基本观点和过程进行融合，从而为外部事物的观点提供基础性的研究。传统经验主义者把感知看作通往实在的钥匙，所以他们认为内省对于所有知识都是很重要的。因此，像休谟这样的经验主义哲学家都会以同样的方式着手内部世界的探究。而感知对于内省又是很重要的，主体能够找到影响客体的那些感觉器官，通过感觉器官来实现内在的自我意识。如果我们把内省看作是内部的感知，那么，这样的内部感知是怎样实现的呢？内省会在记忆的基础上唤醒自我的意识，记忆理论家使我们相信，人类具有"观看"过去事件的一种能力。思想实验作为认知模型恰好处于这样的一个位置，它不仅需要回想来记忆和回忆以前的知识和场景，而且又要在大脑内部进行自我的体验和推理，这一点听起来似乎无法让人理解和接受。法国实证主义哲学家奥古斯特·孔德认为，主体不可能在某种心理活动发生的同时，又去注视监督这种心理活动，即"自我观察"只能是历时性的，而不是共时性的。孔德认为内省是不可能的，其理由是，内省是自我观察，自我观察需要一部分不可能的意识："以同样方式（一个人观察器官之外的东西）观察到它们实际出现的智力现象，这是明显不可能的。思想者不能把自己分成两个，一个进行推理，另一个观察他的推理。既然这样，要观察的这个器官和器官正在观察的就会是同一的，这样的观察是怎样发生呢？如此的心理学方法基本上是无效的。"[1]

我们知道，一个自我观察者观察他自己是很困难的，必须有第二或第三人进行观察。美国心理学家，认知心理学的奠基者之一的米勒（G.A.Miller）通过追忆来取代严格内省，回应了孔德的这种看法。追忆研究很像短时记忆暂停的意识状态。由于过去的状态与现在的状态不同，我们自己很难做到同时的观察，即自我观察和观察对像的同时进行，因此，不可能无限的回归。美国心理学家梅塞尔（Eric Maisel）从实验上证实："没有一个被试的报告否认内省是反省观察的事实。没有一个被试曾说过两件事是平行发生的，即一边是反应本身……

---

[1] Sorensen R A. Thought Experiments. New York: Oxford University Press, 1992: 24.

另一边则是同时发生的对这种反应的观察。"①因为人的认知有很多空白,我们能够凭借脑神经科学展示神经细胞的变化,却不能展示相应的运行过程。

尽管心理回想对于思想实验是必不可少的,但也不能夸大内省想象的作用。科学家也会用一些极具差别的心理想象形成不同的思想实验。如果思想实验是由感觉组成的,产生同样思想实验的人们就会有同样的想象。而人们会在没有同意他们内部经验的情况下,设法同意他们的思想实验。一些人还喜欢生动的视觉观察,也有少数人会用心灵图画来思考。例如,大多数人都没有形成原子的心理想象,可大多数人都知道它。即使是同一个人在不同时间里思考同样的思想实验,常常也会缺少同样的内部事件。另外,带有同样内省想象的人能产生不同的思想实验。例如,想象一个人在教室上课的情景,每个人想象的场景可能大致是一样的,但是内心的感知不可能完全一致。

二、逆向转换联结

思想实验作为认知模型的第二个显著特征是逆向转换联结。这是思想实验的反事实特性和逆向转换的思维交叉形成的。由于思想实验在物理学论证过程中包含了假想的意味,在一些假设和假想的前提条件下,思想实验作为反事实的论据似乎占据了更多讨论的范围,更多凸显出反事实的论据特色。

诺顿认为思想实验就是论据:①假定了事件假设的和反事实的状态;②提供了大量与概括性结论不相关的细节②。这样的描述并没有给出思想实验的定义,它仅仅提供了一个必要条件。诺顿指出,某人能够增加一个对于带有一般结论论据的假定或者事件反事实状态的前提。为了满足①和②,他会提供任何与结论不相关的细节。事件的反事实状态在思想实验内是假定的,确切地说,这样的认知模型体现了反事实的特征。诺顿指出物理学中的思想实验为我们提供了物理世界的信息,思想实验在这个过程中发挥了论据的作用。用事件假定的和

---

① A. 伯顿等. 思维研究剖析. 杨尔衢,梁金泉等译. 重庆:重庆出版社,1990:21.
② Norton J. Thought Experiments in Einstein's Work. //Horowitz T, Massey G J. Thought Experiments in Science and Philosophy. Savage:Rowman & Little field Publishers,1991:129.

反事实的状态进行物理事件的分析推理,对此我们会感到疑惑,因为这些不是物理世界的一部分。然而,通过思考概念和理论如何适用于某种假想的情形,我们可能会发现到目前为止人们所不知道的连贯性和一致性。诺顿借用了爱因斯坦在著名的磁铁和导体实验中提到的"有关运动物体的电动力学"来说明。爱因斯坦指出,经典电动力学磁场的出现是通过磁铁的运动归纳得出的。当导体处于运动中时,没有产生超越观察和观察之上的额外的效果,就不会有感应电场。我们知道,只有导体和磁铁处于相对运动,电流会在导体中产生。如果实验者用思想实验预设电流会在磁体和导体的相互作用下产生的话,就有可能从反事实的情况中推测电场的存在。

如果科学中的思想实验导致人们对世界产生新的认识,那么事件的反事实状态不应该与事件的实际状态有太大的不同。换句话说,即使人们合理地构建一个思想实验,这样的实验可能也是反事实的,但不会违背规律。否则,诸如能量不能存储、熵的减少、无限快的单子的存在、时间任意向后向前的"流动"等情形都不可能促成新知识的产生。因为这样的状态违背了现实世界的许多规律和理论,它们很少有相关性。我们相信思想实验在不违背自然规律的前提下,以适当的方式适用于可能的情形也是合理的。思想实验中假定事件的假设状态和反事实状态应该与我们可能遇到的那些完全相似,这样我们就能更好地理解想要论证的问题,会站在一个正确的立场上,借助逆向转换来进行思维。

三、整合推理

思想实验作为认知模型,其整合推理特征是在特定的情况之下出现的。我们面对探讨和研究的工作,或多或少会有一些准备好的信息,而这些信息的使用和检索是需要改变的,改变促进了整合推理的应用。我们会在处理数据的过程中得到信息,但是不能在推论的过程中得出缺失了的信息。因而,整合推理在认知过程中的出现是不可或缺的。例如,前面提到的牛顿水桶实验:水保持旋转,形成凹面。如何理解旋转水形成的凹形?我们不能说,现在对于桶而言水是旋转的,之前则不是,因为我们开始使水旋转起来前,水面是平静的;对于牛顿而言，唯一的方法就是假定了绝对空间的旋转。马赫采用了一个相反的思想实验来削弱牛顿桶思想实验的信念。马赫认为，绝对空间解释了牛顿的思想实验中的现象，但却不能肯定现象本身。马赫设想了壁厚几千米的水桶，对牛顿的旋转水桶实验提出了巧妙的反驳。显然，人们永远不会去制造壁厚几千米的水桶，但这并不妨碍反驳的明确性：水的转动不是在绝对空间中转动，而是相对宇宙中的物质在旋转，如果没有其他物质在桶中的话，宇宙中的水会沿着桶壁向上走，对于引起水沿着桶壁向上运动的水或桶的系统是相对运动。马赫的思想实验把回想内省描述和事件的反事实状态结合在了一起，以明确直观的形式促使人们摆脱了绝对空间和绝对运动概念的束缚。

再有，第三章中曾提到的伽利略曾用重物组合的思想实验证明亚里士多德物理学主张——重的物体比轻的物体下落得快是错误的。同时也说明了伽利略本人的正确结论——所有的物体会同时下落。想象和推理是这样的：伽利略要我们想象两个下落的物体：一个重的、一个轻的系在一起。亚里士多德的原理使我们得到了一个矛盾的结论。第一，我们断定，重的物体比轻的下落得快，系在一起的那个重物会下落得更快。第二，我们断定，系在一起的两个物体质量是大于其中那个重的物体的，系在一起应当下落得更快，结果却是重的那个比系在一起的下落得快些。这就是思想实验在反证法阶段的整合推理。该思想实验说明在重的物体与轻的物体谁下落得快这个问题上，不会产生一致的模型，因此在亚里士多德支持的结论，对于真实世界而言是不可能的。布朗认为，伽利略的成功在于他使用了柏拉图式的论证来说明理论的正确性。选取了采用他的柏拉图式的说明解释了正确的理论，"思想实验能使得伽利略觉察到控制物质运动的柏拉图式的规律，所以弄明白了所有的物质会同速下降"[①]。伽利略的成功在于他认为思想实验能说明这个情况是不可能的，引入各种背景的假想来说明其原因的。背景假想是，颜色、形状、化学成分不能影响物质下落的速度等。当伽利略试图发现控制下落物质的运动的规律时，这些背景假想为伽利略提供了限定的选择范围，那就是重物下落得比轻的快，轻的物体下落得比重的

---

① Brown J R. The Laboratory of the Mind. London, New York: Routledge, 1991: 43.

快，或者是所有的物体同时下落。思想实验反证法的阶段说明了，重的物质不会比轻的物质下落得快，同样的思想实验也会说明轻的物体没有重的下落得快。因此，这样的思想实验揭示了剩下的选择：所有的物质同速下落，这是正确的。不过，如此选择不是由思想实验产生的，是一开始就把思想实验描述为背景假想试图从中得到的。

就思想实验的目的而言，我们都期待在理论合理性的水平上进行一种改善，提升一种认识，解释某种理论潜在的深层含义。这样的事实使得思想实验促进了实践的合理性。比如，柏拉图的许多思想实验，其意图是要把我们从智力的昏睡中唤起。特别是他的"洞穴之喻"带给我们深刻的思考。洞穴之中的世界类比于可感世界，而洞穴外面的世界则比作理智世界。柏拉图明确声称囚徒与我们相像，是说囚徒代表了人类的状态，而囚徒被拉出洞穴的过程则类似于通过教育而获得启蒙的过程。我们可以把囚徒走向光明的路途和囚徒对外面事物的观照解释成是灵魂上升至理智世界的过程。通过信息的整合与推理，从洞穴之喻这样一个思想实验中得到了一种可能性的证明。它证实了柏拉图的形式理论是对的，尽管与常识是相抵触的。"洞穴之喻"的意图是使我们不再受到感觉世界的迷惑，更加注意那些抽象的事物，这就如同数学中经常提到的四维时空，西方哲学中谈论的逻各斯以及老子的道那样。

第二节 基于思想实验认知模型的作用

思想实验作为认知模型的作用主要有解释的一致性、模拟潜在的操作过程，以及大脑认知和心理变化的融合三方面。

一、解释的一致性

无论是科学还是哲学，或是其他一些领域中的学者，他们对于思想实验的用法形成了各自独特的看法和观点。最为主要的目的还是期待从思想实验的建构以及论证的过程中，得出合理的解释或说明。对于思想实验有助于发现新知识以及对现存理论进行说明方面,大多数人可能不会产生疑问。最有可能产生的问题是有人质疑这些知识的可靠性。这源于思想实验构建的基本条件,其中的论证推理往往建立在一系列假设的基础上。尽管存在诸多的责难,但是思想实验的解释作用是毋庸置疑的。如果有一个明确的假设和其他已经证明了的自然律共同解释了某个事件,且二者之间存在一致性,那么,我们就能说思想实验得出的结论是明确的。布朗声称:"有一些思想实验确实对最初的科学理论做出了贡献,他注意到了存在破坏理论和建构理论的思想实验,这些思想实验可能会为一个理论向另一个理论先验地过渡提供基础。"[1]

为什么会有那么多人喜欢用思想实验呢?其实思想实验最大可能地避免了对真实实验(物质实验)的需求,存在这样的两种情况:要么无需进行真实实验就能得到合理的推论;要么实验在真实的世界不可能进行操作。如果真实实验不能做,也无需做的话,我们就会更进一步支持思想实验。如果思想实验恰好证明了某理论是不成立的,这样的话,我们就能够把思想实验的结论看作是确定的。如果思想实验仅仅是为了使某些有关自然的命题更加合理的话,为了获得对这一问题更高的确认程度,我们就需要同时采取真实实验。

马赫相信,为了确认思想实验所得到的结论,人们往往会依赖物理实验,思想实验"对于科学中的物理实验就是一个必要的前提条件"[2]。如果思想实验具有产生新知识的能力,那么结论在确定性方面似乎就会更有意义。一方面,结果是一个有把握的猜测;另一方面,结果是明确的,表面上看又是决定性的,以至于思想实验者会进一步对真实实验作出判断。

思想实验引起了哲学家的兴趣,他们会改变推理过程中的条件,分离出与结论接近的某个特征。如果他们采用了分离特征的方法,就会考虑某些限定的案例。关于思想实验的哲学讨论倾向于对其属性作出某种限制。这样划分的问题是,思想实验是否"只是想象的实验"[3]。布朗等主张思想实验并不能够像真

---

[1] Brown J R. Thought experiments since the scientific revolution. International Studies in the Philosophy of Science,1986,1:7.
[2] 恩斯特·马赫. 认识与谬误. 李醒民译. 北京:商务印书馆,2007:204.
[3] Brown J R. Thought experiments since the scientific revolution. International Studies in the Philosophy of Science,1986,1:1.

实实验那样执行，而是在头脑中操作的。或许在他们眼中，一方面可能认为结论是很明显的，另一方面可能认为这样的思想实验并没有超越真实实验的优势。虽然在某种情况下，思想实验是受限的，但是许多思想实验的评论者指出，思想实验所拥有的内在思考推动了对科学概念的学习。有时我们会把学习的过程称为认知的变化，这些认知变化是由学习者有目标的、心理的、口头的或者是生理的活动组成的。认知科学家主张有意义的学习是心理活动作用的一个方面，即活动积极的方面。在活动基础上的学习本质上会产生理解，学习者会凭借自己和他人的解释来表达。如此的解释过程是对尝试性理论、模型或规律的再现。从这个层面来看，思想实验的确是推动学习者接近直觉，为获得显性知识和隐性知识而进行逻辑推导的一种策略和过程。描述这种过程的方法就是对一些显性知识和隐性知识进行尝试性的理论再现。

  我们在心灵中会建立一个实验的情景，然后让实验运行起来，观察结果。这种想象的结果可能不会真的出现，其原因是我们会依赖已知的某些自然原理。在物理学方面应用的许多思想实验是从不同的层面和不一致的理论角度来揭示所蕴含的各种特性，也能从其他的视角重新分析同一个思想实验，获得解释的力量。正如布朗所认为的那样，"任何建构性思想实验，其任务就是要以确立思想实验的现象为主要内容，然后这种现象会充当某种理论的结论性证明"[①]。科学中思想实验在很大程度上扮演了敏锐的、可以评价的角色，它们是通过检验一个理论的非经验的品质展开的，例如，一致性和解释性力量，它们的说明预设了整套的背景理论和假定的规律。出于不同的理由和目的，一个科学家在探究期间会使用过去的数据操作，对思想实验解释的方面进行不断的调整和推演，从而达到思想实验预期的解释目的。或许一个思想实验的解释是很勉强的，抑或是困难的，这主要是由于思想实验的设计者最初的思维过程很容易在不同背景的思想实验者的体验之间被改变。思想实验是否被看作是结论性的论证方式呢？至少从实施者最初的意图来讲，在思想实验中试探性的说明和论证，无疑

---

① Brown J R. Thought experiments since the scientific revolution. International Studies in the Philosophy of Science, 1986, 1: 5.

是有意义的。一旦尝试性的理论被证明是可取的，那么，思想实验的启发式作用和解释作用将不容忽视。

显然，在某种程度上，思想实验再现的解释过程与学习过程是相似的。对于许多不同背景的研究者而言，很难知道我们要确信的是否就是理论的发现过程和创造过程中最初想要证实或是设想的部分。因此，思想实验能在解释的基础上预测某种潜在的理论。那么基于思想实验的认知模型，其解释力量整合了概念的、逻辑的、信念的、心理的、可想象的以及其他方面的知识，调整了思想实验各个部分之间的关系，促进了解释一致性的形成。

二、模拟潜在的操作过程

为了对真实和虚假关系问题进行说明，我们会把实施他人提出的实验和自己验证的实验结合起来，作出证实和虚假关系之间的类比。无论是使用思想实验还是真实实验，实验的说服力才是最重要的。

模拟潜在操作过程就是要模拟那些思想或真实实验中提到的可变情况，通过类比建立联系。例如，如果一位工程师想要了解他的飞机模型怎样处理风洞中的涡流，他会在恶劣的天气放飞足够大的飞机。尽管这样的归纳论证是有说服力的，然而成本却是很昂贵的。如果我们按实际的设计来完成，肯定会耗费大量的人力物力。相反，如果我们借助小型的模拟能达到预期效果，那么这种做法要好得多。例如，物理学教师操作有关热分子传递的实验。他会让学生想象他们手握手，然后开始随意地跳动。手握手的学生与固体分子进行比较，这样就提供了热形式中能量来源的变化。这种间接的思想实验比直接的思想实验要好得多，因为它关注了更为熟悉的情况；让我们凭借肉眼可见的客体推知了微观现象的存在，模仿也让我们凭借较小的客体变化理解了宏观现象的存在。"在思想实验中，一个科学家建构和操作了对实验情景的心理模拟。"[①] 让我们来考虑两个空间神话的思想实验。空间一般被认为是独一无二的个体。所

---

① Nersessian N. In the Theoretician's Laboratory: Thought Experimenting as Mental Modeling//Proceedings of the Biennial Meeting of the Philosophy of Science Association. Chicago: University of Chicago Press, 1992: 291.

有真实事物都包容在同一个空间中，所有的空间都是一个空间的部分。原则上，每一场所都可以经过相邻的场所到达其他场所。空间关系是对称的。奎因顿（Anthony Quinton）设计了一个思想实验来改变这一图画。设想我们在梦中有着与醒着生活同样丰富的一致相连的经验。这样的话，如果说我们的梦的经验不是如同我们醒着的经验世界一样客观的现存世界，这就独断了。如果我们醒着的世界空间与梦世界不是互相可到达的，则说我们生活在一个单一的空间，生活在隔绝的世界。但这种说法是会引起质疑的。因而空间在本质上不是单一的。在评价这一学说时，我们必须区分系统的和公共的物理空间，以及局部的、私人的经验空间。两种空间神话提出了我们如何能说明从经验空间运动至世界本来的客观空间的问题。"我们至少可以想象这种情形，我们在其中有很好的理由说真的事物处于两种不同的空间中。"[1]

思想模拟是否是思想实验的问题，其实就是模拟是否是实验的问题。模拟不是实验。模拟是一个实验和一个类比论证的组成部分。模拟提出的问题关注的是在模拟的实验中不能操作的可变的不同情况，其组成部分的实验操作是在模拟问题中涉及的相类似的可变化的不同情况。模拟类比论证的工作是为了支持这样的关系。由此类推，一个思维的模拟包含了一个思想实验，而其本身不是一个思想实验。思想模拟很容易同心理过程的模拟相混淆。当我们模拟一个心理过程时，我们的模拟是真实的不是假设的。思想实验的模拟过程参与了心理的过程，类似于考虑两个真实的（心理）片段之间类比的心理过程。

三、大脑认知和心理变化的融合

无论是思想实验的大师——爱因斯坦，还是其他偏爱使用思想实验的人，都在他们的思维中以展现实验的图景给我们留下了深刻的印象。思想实验和心理想象之间存在很自然的联系。爱因斯坦的双胞胎悖论、薛定谔猫以及摩尔的两个世界，这些特别明显的实例能够使我们进入奇妙的思维空间，或许是因为

---

[1] 奎因顿.空间与时间.哲学，1962（37）：147.转引自布宁，余纪元.西方哲学英汉对照词典.北京：人民出版社，2000：1030.

它们调动了大脑的认知神经，激发了丰富的心理想象。我们似乎凝视着另外一个领域，身和心同时体验着梦幻般的经历。因此，思想实验很像真实实验，同时又与实际现象有区别。作为社会中的人，我们每个人的生存空间、生活经历和感悟能力等多方面都是不同的，由此进行大量想象的人与人也是不同的。就简单的一幅图，每个人看到的、想到的未必是一样的，更何况展开一场思想实验。

那么，基于思想实验的认知模型是怎样实现主体内在的自我融合的呢？抑或说，大脑的认知和心理的变化是怎样相互作用的呢？一般而言，大脑和大脑状态都是属神经病理学结构范围内的物质结构。为了获得心灵状态的倾向性心灵，我们就会在维持那种心灵的学习状态及嵌入条件的模式的基础上，预设它们的发现。例如，心灵操作映像时，它可以在相似关系的基础上预设获得不同颜色、形状、大小等实例辨别的能力。当心灵操作符号方面的内容时，它通过使用凸显条件的方法来预设，获得区分不同原因或结果（如烟和火）事例的能力。

大脑状态为了获得大脑的倾向性，在相关条件的基础上，就会在大脑和大脑状态中引发预设各种具体大脑状态的所获之物（显然，包括了治疗的步骤和其他的条件，还包括引发那些变化的个人条件的作用，如经历等）。而对于大脑和大脑状态最重要的是具体的认知功能（倾向性和意向），它们会通过各种关系与特殊的神经结构（倾向性和意向）相联系。因此，正是由于心灵和心灵状态中存在着这样的认知功能，脑和大脑状态似乎才有意义。

如此看来，自然规律确实不同于认知规则。前者是不以人的意志为转移的客观性，人类不能任意改变、创造或消灭自然规律；而认知规则是可以通过对人脑这样的未知领域的探究进行修正和补充的。自然规律可以离开人的实践活动而发生作用，如日食、地震等；人们可以借助自然规律来发现认知的产生与发展以及认知过程中各个因素之间的内在的联系，认知规则的作用则是通过有意识的活动表现出来的。纳塞瑟安认为，"思想实验使用了模拟的心理模型和建构的状况，继承了从我们的经验和活动的、我们的知识的概念化以及对世界的假想抽象得来的经验的力量"[①]。同样,瑞纳(Reiner)为了建立思想实验的假设世界,他假定了思想实验必要的部分是心理假想的建构。这些都说明,一个思想实验不仅能涉及感觉经验,而且还涉及大量头脑中的深层推理。

综上所述,思想实验作为认知模型具有显著的特征和功能。尽管我们通过上述的分析确信了人能意识到各种事物的存在,以及它们之间的内在联系,却无法意识到自己内心形成这些心理活动的过程,只能通过自然语言、肢体行动、图像反应等体现这样的心理历程。虽然人没有能力内省自己的认知过程,这并不意味着内省不能研究人的认知过程。实际上,我们通过研究思想实验,能够把思想实验看作打开认知大门的一把钥匙,借用思想实验实施过程中出现的各种变化,研究认知的各个方面。思想实验所获得的成果也证明了它确实有助于认知过程的研究。不管人们所设计的思想实验是否能够达到预期想要的结论,它都会诱使读者进入另外一个吸引人的世界。或许读者很容易获得这样假想场景的经历,然而他们得到的结论不是预先知道的。思想实验的表现形式可能是多样的,至少作为认知模型来看,对于概念的解释语境、理论的演化过程以及认知的渐变而言,作用是不可小觑的。就思维的认知过程而言,绝大部分是不能意识到的,但回想内省描述、逆向反事实思维以及整合推理,客观上都有利于促进解释的一致性,推动模拟或模仿有关潜在的操作过程,对于大脑认知和心理变化具有积极的作用。

第三节 基于思想实验认知模型的认知机制

我们知道,思想实验是类似于真实实验(物质实验)的一种推理的形式。人的头脑相当于一个实验场所,实验者游走于其中,如同现实中所做的那样。只不过在特殊的场合下,很多方面超越了现实,具有了更强大的能力。思想实验的背景加入了我们已经知道的构想和操作。实验者用思想实验进行推理,推理的范围被无限扩大,从熟悉的问题到不熟悉的问题,从有问题的情况再到多

[①] Nersessian N. In the Theoretician's Laboratory: Thought Experimenting as Mental Modeling. Hull: Forbes and Okruhlik, 1992: 297.

变的情况，尽可能穷尽预想到的因素，在此基础上，实验者还敢于预判未知。思想实验的形象化需要通过一些事例来体现，这些事例说明了对所表征客体属性的加以理解的一种策略，在思想实验中所理解的这些联系能使我们得出这样的客体怎样在假设的世界里行动。似乎思想实验充当了体现这些关系和这种知识的代言人。由此就产生了什么使得思想实验扮演了如此角色这样的疑问，直白地讲，思想实验就需要体现它的参与性，要探究是什么形成了实验而不是简单意义上的论证。思想实验是实验但又不像真实实验那样，通过试管、机器、电路等设备来设置进行普通的觉察、操作、检验和论证，而它们仍然诉诸已有的一般常识展开记忆回想。内省增进了进一步的记忆和分析，形成各种不同的反事实的推理。在大脑和心理的共同作用下，模拟了可能存在的预想和假设，促进了某一理论解释的一致性。尽管有时它们呈现的不完全是预期的结果，可能会是批判性的或是破坏一般常识的结论，我们仍然可以从这样的思想实验认知模型所体现出来的特征和作用弄清楚它们内在的认知机制。

一、思想实验者的心理模拟

真实实验和思想实验有着共通的地方，即都是实验，二者都期待从对一个或多个事物的改变中，发现事物之间的联系，同时通过发现他人对其所做反应的各种可变情况，就可变情况之间的关系进行回答问题或提出问题的过程。出于对简单性和经济方面的考虑以及对实际状况不可行性的考虑，很多哲学家和科学家会借助思想实验进行相似性的描述。从认知心理学方面的研究来看，在说明进入心理模型的角色时能说明思想实验怎样和为什么起作用。在思想实验中一个科学家建构和操作对实验情景的心理模拟。在这个过程中，他使用了相关的机制，存在表征和一般世界的知识形成真实的传递，从一个可能的物理状态到另一个状态。这种关系涉及从现有的表征和世界得出的整合的操作限制的不可能性，并且可以看出需要的概念变革的核心，评论思想实验最有希望的方法就是把它作为一类实验，一类创造性的实验。因为思想实验会涉及实验者的不同意图，就如索伦森认为的那样，"思想实验不是没有实施意图就设计的实验"①。那么，关乎思想者本人意图的实验，就会加入心理的过程，我们不禁会问，这类创造性的实验的设计者是怎样实现心理模拟的呢？

我们知道即使属于同类功能相似系统的心灵，在全部相同的刺激条件下，没有表现出相同的行为，仅有的相同刺激条件下，行为的表现也不同。"功能相似的"心灵仅仅意味着它们受到了同样的原因的影响并且能产生相同的结果。心灵虽有不同，可心灵的功能是相似的。只不过在特定条件下，心灵在表现相同行为的倾向性强度方面不同。心灵是会随着环境的变化发生改变的，即便是心灵的状态相同，可不同心灵表现出的可能性未必如你所愿。也就是说，同样的一个思想实验每个人的心理模拟可能会存在一定的差异。不同的物种可以用不同的外成规则进行描述。例如，智人对于体育运动就有倾向性。人的意向能力，包括运动倾向性是可以放在更宽泛的条件下加以证实的，如踢足球、打羽毛球。人对于一个事件的评价可以在一定的范围内，具体的人会依赖于它们具体的现实情况和环境的历史举例，包括社会学习的机会。与此相比，蚂蚁完全没能获得踢足球、打羽毛球等运动的意向，因为它们缺少人的基因决定的体育运动的倾向性，或许这就是小动物漫画如此有趣的原因。但是基本的环境因素和内在要素之间的关系会限定这样的心理模拟，出现大致相同的情形。

首先是心理想象，因为大多数思想实验都是为了充实读者容易想象的场景而提出的，同时也是为了解决问题而不断提出的一种策略。无论是思想实验的建构者还是思想实验的学习者都会在他们的内心构建想象的环境，尝试贴近最佳的状态。按照一般人认为的看法，思想实验的一般特征就是对所要了解的东西具有促进的作用，增强概念的清晰度。马赫在其文章中最早也关注了这一点，他把怀疑的问题归为生动的调查研究。大量有关猜测性的问题会使人产生很大的兴趣，激发内在的想象和体验。对似真场景的模拟再现不是真实的过程，比如，我相信我是"缸中之脑"。就"缸中之脑"而言，我可以想象我的大脑在缸中，和周围发生着各种很平常的关系，但实际并不是这样，这样做有其目的性，如此的仿真模拟肯定是不可行的和不现实的，特别是涉及的伦理会让我们的内

---

① Sorensen R A. Thought Experiments. New York: Oxford University Press, 1992: 186.

心感到不安。有时我们会对思想实验感到疑惑的,特别是对那些不合理的部分以及微乎其微的可能性感到吃惊。更为疑惑的是,要不要否定思想实验?要不要享受思想实验这样的认识论状态下的有趣事件呢?疑惑的合理部分指向了它的机制。如果我们有理由认为这些资源可信的话,内在的好奇心可能驱动了它们的内在运作,并使之看上去更协调。也就是说,我们内在的好奇心和对事物的无尽探索会激发我们内在的机能,恰恰是这样的心理模拟造就了思想实验的形成。心灵的体验和内在的模拟为理论推理搭建了可能的平台。

其次,为了获得理解,研究者肯定会积极地面对各种材料和各种多变的情况。为了理解而进行的研究学习,我们有时称为认知变化,这些认知变化肯定是由研究者的目标的、心理的、口头的或者是生理的活动组成的。认知科学家主张有意义的学习是活动作用的一个方面。在活动基础上的学习本质上会产生理解,学生借用对它们自己或其他人的解释来表达。如此解释的过程就是对基于尝试性的理论、模型或规律的再现。在一个较为特殊的观察环境下,为了得到最佳的解释,我们可以采用尝试性的理论、模型和规律。对于一个思想实验而言,它不仅推动了一个学习者接近了默许的直觉、明显的和含蓄的知识、逻辑的推导策略,而且还把这些与工作的思想过程合为一体。描述这种过程的方法就是对学生的明显的和含蓄的知识中的那些固有的尝试性理论的再现。因此,思想实验在没有新信息增加的情况下如何改善思考者的认识状态呢?对这个问题的关注可能会拓展到常规的实验,即通过赋予新鲜的信息,采用启发式的方法,使得实际情况没有妨碍这种有限条件的可能性。就学习本身单方面来看,学习作为再现的一种情况同思想实验的描述相比,有着相似之处。我们无形中会在心灵中建立一个实验的情景,然后让实验运行起来,观察结果。这种想象的结果不会真的出现,而是遵循我们已经知道的关于自然的相关原理展开。布朗认为,任何建构性思想实验的任务的主要部分就是要确立思想实验的现象。然后这种现象会充当某种理论的结论性的证明。思想实验是否被看作是结论性的证明,是需要日后验证的。至少从最初的设想来看,一种尝试性的理论是想通过思想实验来做出预测的。理论是否成功,还有待实践的检验。显然,再现解释的过程与学习是相符合的。思想实验的过程会在资料中描述以解释为基础的相关潜在理论的推测，或者在某种意义上，学习的过程与思想实验的心理过程是相似的。思想实验不只是对自然过程的再现，它们需要能够回答问题，并用形成的特征或变化对此作出澄清，是找出某物有趣特征的过程。思想实验常常使用限定的案例，它们不仅仅会使用特殊标志的特征，而且思想实验的实施者会使用一种方法来想象或再现实验，减少实验的错误在真实实验中的出现。

此外，思想实验这种认知模型所体现的心理模拟能力，似乎在很大程度上是很吸引人的。它们似乎告诉了我们关于世界的一种神秘的方法。尽管我们无需检验它，然而它却有着很大程度的确定性。心灵以某种方式模拟它所得到结论的过程，这种心理过程的模拟或心理模拟的思想实验，虽然不能与真实实验中的物理过程相提并论，却有着一定的说服性，毕竟它们包括了具有明确前提和结论的一个形式论据的语境。

二、文本的叙述与框架的构建

我们在心灵的实验中构想不同的情景时，会出现同步的认知叙述。就好比一场足球赛正在进行时，会有评论员不时在耳边谈论着整个赛事的进展。布朗把思想实验的特征描述为"一种叙述式的解释"[1]。古丁认为，"思想实验对于过程的想象化的描述而言是必不可少的"[2]。在真实实验的过程中，描述是在先的。我们可以在真实实验的描述特征和思想实验的表现之间看到相类似的东西，这个过程是实际可见证的。其他人把思想实验描述为叙事，但是没有完全考虑到它的重要性。纳塞瑟安（Nancy Nersessian）认为，对于读者而言，思想实验就是一种模拟的方法。在读者的心中展现了一个似真的情景，在模拟的情景中互相交流。思想实验在呈现交流的叙述形式方面发挥了重要作用。但是她低估了语言的作用，主张这种模拟的执行不是有关语言学的表征。因为叙述细节是思

---

[1] Sorensen R A. Thought Experiments. New York: Oxford University Press, 1992: 275.
[2] Gooding D C. The Cognitive Turn, or, Why Do Thought Experiments Work?//Giere R, Feigl H. Cognitive Models of Science. Minneapolis: University of Minnesota Press, 1992: 46.

想实验呈现的部分,读者对它的模拟终究是非语言学的。而思想实验文本的叙述方面也是很重要的,因为思想实验在我们的生活中占有一席之地。正如哈金(Ian Hacking)把一个思想实验等同于"剧中扮演的角色"[①]那样,思想实验就像是一个讲述的故事,叙述的过程就有了暗指,一个思想实验的文本能构建一个清晰的框架。基于思想实验的认知模型,无论我们出于什么样的不同目的,我们都会设计一个思想实验,而这个思想实验会提出一个问题,对此问题的回答,需要展开或有待叙述这样的文本,构建认知的框架。例如,戴维森介绍的一个哲学的思想实验"沼泽人"就是这样的一种情况。该思想实验出现在其1987年的论文《认识一个人自己的心灵》中,这个实验是这样的:设想戴维森在人迹罕至的沼泽地中行走,忽然风雨交加、雷霆大作。不知什么缘由,在一阵电闪雷鸣之后,沼泽地里出现了一个人,这个人当然不是妖怪,而是真正的人。让人惊讶的是,这个沼泽人竟然和戴维森在生理和物理方面是绝对完全相同的。哲学家质问的是这个沼泽人有心智吗?如果我们在理论上接受了这样一个沼泽人,也就接受了这个没有意识,生理和物理方面跟有意识的真人一样的个体。我们姑且不论这样无意识的人是否有心智,只关注它体现的文本叙述和框架建构的特征。这样的故事叙述似的呈现,读者在阅读时会对文本中提到的各种事物产生想象,似乎你看到了天气的变化和那个沼泽人的出现。值得好奇的是,你很想知道这个沼泽人到底是怎样的。用图式似乎更能清楚地说明这一点:

触碰(各种认知器官)—内省回想—心灵内的展示—构建相似状况的类比—推理预测。

实际上,这样的分析大致表明了每一个读这个故事的人为了得到同样的结论,都会展开这样的叙述文本,会沿着故事情节的发展进行下去。虽然每一个人都有着不同的观点,会得到不同的结论,但是这样的叙述文本的展现和推理框架的构建是认知过程必不可少的。正如索伦森提到的那样,"一些思想实验的叙述要素,它们可能提供了各种反应辩解实践的细节,一个思想实验能够知道

[①] Hacking I. Do Thought Experiments Have a Life of Their Own?//Brown J, Nersessian N, Gooding D. PSA: Proceedings of the Biennial Meeting of the Philosophy of Science Association. Chicago: University of Chicago Press, 1992: 302.

的和读者能知道的特征之间存在不同"[①]。这种观察表明了在思想实验的内部和思想实验之外的各种不同表现可能是在呈现的过程中的相关细节。作者的思想实验和读者的思想实验之间的联系是很明显的。在思想实验中，似乎读者从未远离作者的意识。为了支持他的信念，意识就是记忆连续性的问题，洛克推断意识不能以某种方式接近所有的观察者，塞尔保持了主体心理暗示的说明，鼓励读者在自我的心灵中进行模拟。在这些说明的过程中，许多评论者认为是思想实验具有一个非命题的方法和可观察的像故事一样的特点。

本 章 小 结

这一章在前四章研究的基础上，试探性地提出了基于思想实验的认知模型，并以图式说明该认知模型的构成。指出该模型的三个特征：回想内省描述、逆向转换联结和整合推理，这三个特征是与一个思想实验者认知的三个层面相对应的；而解释的一致性、模拟潜在的操作过程，以及大脑认知和心理变化的融合这三个作用指向了实验者认知过程的三个变化；该认知模型体现了思想实验者的心理模拟、文本的叙述与框架建构的特点。

[①] Sorensen R A. Thought Experiments. New York: Oxford University Press, 1992: 273.

第六章 作为认知模型的思想实验与其他实验的辨析

就思想实验本身而言，人们对于它们是否是论据、是否是实验、是否会对概念产生变革、是否会引起信念等问题存在很大的质疑。尽管如此，我们在不低估或夸大它们解释力量的同时，还应该看到思想实验与真实实验、可能的实验、假想的实验之间存在的不同之处。事实上，我们在追问思想实验认知模型中的问题时，最先必须面对思想实验中存在的诸多问题，它们内部的问题映射出该模型所蕴含的哲学问题。

实验可以看作是现代科学的一个标志性概念。我们经常会提到物理实验、化学实验、医学实验等不同领域中的实验，那么实验是什么，为什么要做实验，以及怎样做实验等相关问题就会随之而来。很多时候"实验"这个词并无解释地来到了我们身边，我们不会关注这个词本身，而更多关注的是这个词前面的定语和实验的内容。也就是说，我们不会刻意去解释什么是实验，而是解释前面加上了真实的、思想的、假想的等词的实验。为了说明思想实验与真实实验的差别，我们必须明确什么是真实实验。索伦森在论证思想实验的演变过程中，提到了真实实验的表现特征，笔者把这些特征归结为构成真实实验所具备的几个必要条件。

第一节 真实实验构成的要件

一般来讲,实验指科学发现的一种过程,是对假设、假说、已知理论进行的操作。索伦森指出,"一个实验就是改变事物中的一个或多个,并且追溯他人对其作出的反应,就可变情况之间的关系进行提问和回答问题的过程"[①]。他认为,实验显著的特征表现在五个方面,这五个方面是构成一个真实实验具备的五个要件,即有待检验的本质性假设、仪器设备、科学内容、因果推理和公开性。

一、有待检验的本质性假设

我们通常认为实验是对有争议理论的证实或证伪,科学家也试图通过实验来把握事物的本质,他们会针对性地提出一些"形而上的"假设或猜想。一般来讲,每一个公布的实验都依赖于一群形而上的假设。一些有关物质本质的假设能帮助科学家调整他们的设计,扩大实验的影响或者简化实验的过程。比如,1766年,埃勒(J.Eller)提出的一个实验,用火或者燃素把水加热,水能变成土和空气,于是"水能变成土"这样的说法得以流行。为了反驳埃勒这样的猜想,两年后,拉瓦锡(A-Lde Lavoisier)用有关水的一系列实验证实了他的猜测。水经过十天加热后剩下的白色沉淀物不是土,而是玻璃因长期受热侵蚀形成的。

然而有些实验并没有提出本质性的猜想或假设,一些只是得出了某个常数,如氧气的凝固点。还有些实验并没有回答要解决的问题,如加尔瓦尼(L.Galvani)的实验。在我们并没有预先提出:"如果用电刺激死蛙的腿会怎样?"这样的问题之前,他的实验已说明电刺激能引起死蛙腿的抽搐。再有一些实验仅仅在于证实预先存在的共识,比如,一个人的醉酒程度会受到同饮者饮酒程度的影响。虽然人们普遍认同这样的观点,但有些人还是会通过可控研究来进一步增强对饮酒方面的认知,借助测试实验加以证明是否如此。由此可

---

① Sorensen R A. Thought Experiments. New York: Oxford University Press, 1992: 186.

见，真实实验的一个必要因素与假设有关，也就是说，真实实验首先必须具备一个有待检验的本质性假设。

二、仪器设备

显然，我们知道很多的实验是由试管、酒精灯和白鼠等相关的工具所组成的。比如，我们想要知道种子在什么样的条件下发芽，会用到盛放种子的器皿、温度计等相关实验工具。然而一些实验没有设备也能进行，但是这类实验在索伦森看来不能算是真实实验，只能是进行某种尝试的结果。例如，语音学家尽管也是通过反复的拍打，证明了拍打中的 p 的发音与口中的 p 是不同的，但这是感觉到的结果，不是实验。又如，当你交叉腿时，一分钟后跷着的腿会伴随心脏的强弱跳动而轻微地摇摆，心理社会学家证实这样的行为是由环境中的简单事件所引起的。真实实验在这方面更多强调了实验中仪器设备的使用和实验过程的反复性、操作性。

三、科学内容

真实实验与科学密切相关毋庸置疑，即便如此，我们也不能把每一个实验都视作是科学的行动，因为我们能够找到一些非科学的实验，这些实验确与科学无关。例如，毕达哥拉斯学派指出，只要改变单弦琴上琴码的位置和绳子的长度，琴就会发出和谐的音符。还有一些看似实验的尝试，我们能够在美学、历史和音乐，甚至哲学这些科学之外的领域找到。例如，古埃及法老普善美提科（Pcammetichus）创造的决定埃及人还是弗吉尼亚人谁是最古老人种的那个实验。还有个别科学家创造的不同于科学的实验，例如，德国的一组研究者总结得出：快要死的患者在死前和死后重量的对比说明，灵魂的重量是一盎司的 1/3000 倍。此外，最为突出的还是大多数人会把日常的问题看作是实验。比如，想要知道柠檬水在怎样配比的情况下最好喝，就要不断尝试改变糖的量。以上这些个案在常人看来是实验，实际上它们不包含科学内容，只是一种尝试，而非真实实验。

四、因果推理

真实实验在操作过程中离不开因果推理。不过实验的定义也允许存在一些与先验推理相关的实验。这是因为存在一些具有特性的事物，比如，天象的各种变化，天文学家对日食和月食的形成和出现规律只能进行合理的推理。因果推理在实验的论证过程中是很重要的，也是必不可少的一个环节。

五、公开性

真实实验突出了结论的公开性，意在指出它不是一个私人事件。比如，关于超声波的实验，当高尔顿在动物园和城市的街道游逛时，他谨慎地进行了第一次超声波的实验。他做了一个能够发出超声波的黄铜哨子，这个哨子藏在一个手杖内，通过手柄上的橡皮球起作用。如果高尔顿挤橡皮球，动物们就会感到声音刺痛了它们的耳朵，而表现得烦躁不安。高尔顿据此推测动物能发现声音。另外一个例子就是光幻视实验。当外部刺激减少时，放置在某处的灯会使人产生光幻视。这样的幻觉也能通过采用指尖挤压你的眼皮、固定药物以及电击等方式产生。1819年，普尔金耶发表了一些自我实验的结论，他把电极放在额头上，另一个电极放在嘴里，然后快速摇动连接金属压条的绳子，通过开关电流来稳定他的视幻觉想象。因为视幻觉是心理事件，实验者只能够观察幻觉者的表现。一些人也有同样的视幻觉，然而特殊的事件都是私人的。如果一个实验没有对外公开它的实验结果，尽管这些实验预设了一些理论、假设或假说可能为真的情况，也不能算作是真实实验。

索伦森给出的真实实验的定义和构成实验的五个要件，限定了实验的范围。不是所有的实验都是真实实验，只有满足了这些条件的实验，才能称其为真实实验。

第二节　思想实验与真实实验的差异

实验除了真实实验外，还有一类更有意思、也很重要的实验，那就是思想实验。"思想实验是通过简化普通实验发展而来的。如此革命性的过程为思想实验成为实验的特殊情况开辟了道路，正如圆是椭圆的特殊情况一样。"[1]然而它们与真实实验是不同的，着重表现在三个方面：

一、非实际演示的操作性

按照索伦森的说法，"一个思想实验就是一个无需实施就能达到其目标的实验"[2]。我们知道任何实验的目的都是要合理地回答或解决实验所提的问题。实施实验的人的动机是多方面的，有人做实验是为了学习新方法，检验新的实验设备，或者是为了检验各种现存理论，也可能是为了赢得某种认可。目的和动机之间的差别也能应用于思想实验的判定。一个实验的结论是预设的，言外之意是指，实验的程序是预先设计好的，可以达到想要的目的，它让观看实验的人相信，实验的设计就是要证明某种先在的结论。所以，思想实验的实施者无需真正相信他邀请的其他人是信其为真的。例如，在哲学史上，关于人自身超越时间与空间的概念要求时间空间与生理的连续性。在这样的条件下，如果只有其一满足的话，这种情形也是模糊的、不确定的。比如，洛克的这个思想实验：一个王子的大脑被植入一个皮匠体内，其他人以为他仍然是皮匠，除了脑以外活着的身体仍然是皮匠的。但就"人"而言，现在整合进皮匠身体内的是王子，看起来是皮匠，实际上是王子。洛克认为他关于王子和皮匠的思想实验说明，王子和他的皮匠朋友确实交换了，这是因为他们的生理特征互换了，不能满足生理连续性的要求。

二、情景再现性

建构一个思想实验，一般是建立在已有知识和经验的基础之上的。他们要么是通过预测来设法获取新知识和新信息，要么是为了反驳原有存疑的理论。建构者会借助现存的实际条件来完成思想实验的构想，这样的构想会预期实验所产生的各种关系，并借助不同的方式进行推理，期待出现各种可能的结果。

---

[1][2] Sorensen R A. Thought Experiments. New York: Oxford University Press, 1992: 186.

我们来思考一下约翰·罗尔斯在《正义论》中提到的"无知之幕":

"选取到火星殖民地上生活的 20 个平民被分配了一项不寻常的任务。在这个红色的星球上将有许多善物,包括住所、食物、饮料和奢侈品。离开之前,他们必须做出决定,以什么样的根据来分配这些善物。而要命的是他们不知道在火星殖民地上什么样的技能是最重要的。所有的工作都可能是体力活,或者都不是。这项任务也许需要很高的智力,也可能更适合那些精神需求较低的人。最初的建议是每样东西都应该得到平等的分享:从每个人的能力到每个人的需要。但马上就有人提出反对。如果有很多工作要做,而有人不做他该做的那份,那么平分蛋糕不就不公平吗?显然分配机制中需要有激励因素。反对意见被大家接受了,但这只不过带来了更多的麻烦。公平看来并不是给每个人相同的份额。那么,公平究竟意味着什么呢?"①

"无知之幕"这个思想实验的外在条件:罗尔斯要论证的是怎样建立一种公平的程序,以使任何一致同意的原则都成为正义的。内在因素:罗尔斯构想了这样一种情形。他强加给原初状态下的参加者一些主要条件,使他们来确定支配社会基本结构的正义原则。让所有的参加者都处在"无知之幕"的背后,他们对他们各自的特性、能力、宗教信仰及个人的能力一无所知。他们不知道他们所处的社会的经济条件和政治状况,不知道他们的社会身份和阶级地位。他们面对社会的一般理论知识时,也知道他们是理性的,并且不管他们的环境和生活计划如何,他们都将追求基本的善。"无知之幕"的结果意味着可以保证参加者做出的选择不被他们的特殊利益和好处所歪曲,可以使他们公正客观地确定原则。

三、定义的拒斥性

思想实验需要排除白日梦和妄想,因为它们不是以提出问题和回答问题而展开的。之所以有这样的妄想,可能与实验者自身内在的体验相关。同样我们

---

① 约翰·罗尔斯:正义论.何怀宏等译.北京:中国社会科学出版社,1988:140.

也能把娱乐的猜想和思想实验辨别开来。许多人在面对假设事件的结论时，特别是那些明显会影响他们生活的假设及结论，往往会得到内在的快乐。比如，如果我中奖了会怎样？如果地球上只剩下我最后一个人生存会怎样？这些问题不是用来证明一个论点的，只是因为人们恰好喜欢这样有趣的话题，而猜测又会以小说那样的方式引起人们的情绪和情感。所以，一个人为了这样的经历可以猜想某种命题。当然，思想实验也能像这些闲散猜想一样提供给人们许多快乐。不同之处在于思想实验的目的是启发式的，不是娱乐式的。《花岗岩的世界》是出于哲学论题的目的而创造的一部简练小说，但它不是思想实验。思想实验在于从不知其真假或暂时假设的情况进行推理，从而形成某种观点或解决某个问题。这样的话，就使得思想实验具有了"好像"的特色。白日梦和妄想是不具有这些特点的，因而是要拒斥的。

第三节　思想实验与其他实验的区分

从构成真实实验的五个常规条件和思想实验定义的特点来看，我们会发现它们二者有相似之处，它们都是对科学研究对象的探索过程，都在尝试揭示科学现象的实质。唯一不同的点在于一个是可视的实验，另一个则是头脑中的实验。要想判定什么样的实验是思想实验还是有难度的，因为存在许多表面看上去像思想实验的实验，实际上却不是思想实验。诸如假想的、虚构的、模拟的和虚假的实验，皆不能称其为思想实验。

一、假想实验不是思想实验

如果所有的思想实验都是假想实验，那么思想实验也就不是实验了。这与我们认为的思想实验是相悖的。我们做思想实验并非直接假定了这样的实验就必须发生。对于大多数思想实验与假想实验而言，它们都容纳了假想观察的内容，通常会呈现缺少操作实验的实验者这样的场景。而思想实验却描绘了免于对观察者承诺的场景。例如，我们来想象荒芜森林里的一棵树，此时我们想象的不是我们正在观察的那棵树，我们能够想象的是没有观察者的场景，正像我们能够画出没有观察景色的图画一样。如果我们是通过形象化的想象来推导一个思想实验，这样的话，必然会假想某种要观察的内容。就如同粒子物理学家假想存在原子这样一个实体，用它来推导一个思想实验，或许他还会把原子描绘成涂了色的实体。但基本的情形是，有颜色的只是形象化的想象，而思想实验则不是。

我们可以通过对每个不同实验操作的不同情景进行对比，来得出假想实验不是思想实验。例如，我们可以想象爱因斯坦在黑板上留下的、用以解释某理论的插图。如此这般形象化的想象不是思想实验，它们往往是与记忆相关的。而思想实验目的是要表明一个命题是可验证的，它能通过描述反应的时间来推导实验，这一点与假想实验是有差异的。思想实验和假想实验的明显区别是，在不同情况的实验中，想象要操作的物理实体是一回事，而改变一个人所怀疑的又是另外一回事。推测在不断地变化，而假想的物理条件未必在不断地变化。认识论者假定，假想在你的大脑中进行实验，类似想象的实验只是思想实验的组成部分，而不是思想实验本身。大多数思想实验被重新改造成了包含假想的实验。一旦我们区分了思想实验和用思想实验来描述的实验，我们就有理由把"假想的使用"和"思想实验"看作是互斥的。

二、科幻实验并非思想实验

思想实验常被理解成证明时所需的一个论据，而科幻实验往往是出于娱乐的需要呈现给大众，这些实验仅仅是在方法上看上去像实验。我们正常所描述的科幻实验却完全是虚构的事件，往往会通过一个历史的实验来推动所描绘的事件。例如，玛丽·雪莱的《科学怪人》，就是通过报道有关死尸在电刺激作用下会如何，这激发了作者并使其产生幻想，从而创作了这本科幻小说。尽管故事中存在某些因果联系，但是并不构成对一个真实实验的指称。把科幻同哲学混杂起来所得出的结论是为了给主体更多认同感，讲故事作为回答问题的一种手段似乎与思想实验就回答问题给出的描述相契合。但是故事很少能够实现思想实验所要达到的其他目的。比如，范·弗拉森（Bas C.van Fraassen）在其文章《说明的语用论》（1980年）中，讲述了一个"塔和影子"的故事。这个故事的哲学观点是关注对称的论题，即说明恰好会取消预测。经典的反对的理由是，我们有时候能凭借影子的长度预测（但不能说明）塔的高度。范·弗拉森的故事展现了一个聪明的剧本，其中塔的高度显然是凭借影子的长度说明的。他使用了过多的细节，以从容的步调讲这样的故事仅仅是为了强调这个例子，我们勉强可以把这个故事所做的描述看作是思想实验。现实中的电影《黑客帝国》恰好也是一个延伸的思想实验。有时我们会把科幻的小说"读为"思想实验，并不认可它是真正的思想实验，理由是，小说的目的只是通过问题的可变情况给出简单的理由，这一点与思想实验不同。即便在我们面前展现了生动科幻的情景以及小说式的描述，它们也不能称为思想实验。

三、模拟实验不是思想实验

模拟实验是指在没有实体或难以直接拿研究对象做实验的情况下，模仿实验对象制作模型或者模仿实验的某些条件，模拟真实环境中的实验，它们通过类比建立联系。这样的模拟实验在物理学中很普遍，比如我们可以凭借中等大小的客体理解微观现象，亦可以凭借所模仿的中等大小的客体来理解宏观现象。

如果我们要回答思想模拟是否是思想实验的问题，我们应该首先问一下模拟是否是实验。模拟不是实验，模拟是组成一个实验和一个类比论证的证明过程。由模拟提出的问题强调了在实验中不能操作的可变情况，模拟操作的则是实验中相类似的、可变化的不同情况，模拟类比论证的工作是为了支持这样的关系。由此类推，一个思维的模拟包含了一个思想实验的框架，而其本身不是一个思想实验。

四、与思想实验同时存在的还有一些虚假的实验

虚假实验是没有执行、意在进行说服的实验。这类实验具有合理的说服力

并且可能会产生知识，但它不是思想实验。因为说服的意向和态度在说者和观众之间不会形成常识。在解释帆船设计的过程中，美国物理学家詹姆士·特菲尔（James Trefil）认为，"如果我们想要通过增加桅杆的长度来获得柱子的高度，我们肯定会担心这样的事实：当柱子的高度达到一定值时，它可能会弯曲，其实高度并未增加"①。通过做这样一个简单的实验，你能够让你自己确信这样的事实。另一个案例与爱因斯坦相关，他曾经用名言回应过记者，该记者请爱因斯坦总结一下他的理论："如果你不太严肃地回答，你思考的就仅仅是一则笑话，然后我会做下列的解释。如果所有的物质会在宇宙消失，剩下的就是时间和空间，以前人们会相信这一点。然而依相对论来看，时间和空间也会随着事物一起消失。"②如果爱因斯坦很严肃地展现这样的情景，他会实施思想实验。但是如果他拒绝那样做，我们知道他仅仅是试着传递了有关其理论的模糊的、吸引人的看法。如此一来所展开的只能是虚假实验。

就实验、思想实验、看上去像的实验（假想的、科幻的、模拟的和虚假的实验）而言，表面看都与实验相关，然而它们之间的差别是很明显的。思想实验往往会在预设的前提条件下展开，所预设的大多为真。真实实验中会用到真实的实验仪器，实验者的操作目的会更明确。真实实验的关键部分在于执行，而思想实验最为根本的是其认知的目的。认知的目的对于实验是最为根本的。"思想实验是通过简化普通的实验发展而来的。这样革命性的过程为思想实验是实验的特殊情况这样的结论开辟了道路，正如圆是椭圆的特殊情况一样。"③

由此，我们会发现思想实验是由真实实验简化而来的，思想实验就是实验，它们有着真实实验具有的特征，同时还有着特有的不同之处。索伦森（Roy Sorensen）不仅仅论述实验的特征，也回答了诸如如何判定一个思想实验，什么样的实验算是思想实验这样的问题。我们不能简单地把那些表面上看起来像思想实验的实验当作是真正的思想实验，判定的前提是弄清楚不同类型实验所特有的表现形式。因为思想实验是一个真正意义上的实验，它肯定不是关于可能

---

① Sorensen R A. Thought Experiments. New York: Oxford University Press, 1992: 205.
② Sorensen R A. Thought Experiments. New York: Oxford University Press, 1992: 207.
③ Sorensen R A. Thought Experiments. New York: Oxford University Press, 1992: 186.

的物理实验的一次心理的操练或者心理的预测。它具备了一般实验的思维逻辑，是一种有关经验的、有关实在的、可进行想象重构、想象的、转移的、虚构的一种可能性，在不同的场合用于检测假设的一种方法。随着我们对思想实验的深入研究，或许会发现思想实验有更为引人瞩目的意义和特有的内涵。

本 章 小 结

思想实验虽然是实验，但是与真实实验以及其他的实验是有差异的。本章重在把思想实验同其他的实验作出区分，这样的区分是基于分析真实实验的构成要件展开的。真实实验强调了有形的、可以触摸到的实物构成，比如，最基本的实验仪器、操作的流程以及演示的种种过程。在某种意义上讲，思想实验更多强调了在大脑中进行实验的一种立场，在追问和探究某一事件的本质问题上与真实实验有相似之处。只不过大多数情况是真实实验无法进行时，需要借助思想实验，而思想实验也恰好在实验者的营造和建构下得到了意想不到的结果。然而思想实验正如在本章中提到的那样，它不是随意的妄想或是白日梦一般的体验，而是在论据和理论的支撑下得以展开的。因此，如果忽视了思想实验和其他实验的区分就很容易陷入随意无序的假想中。

第七章 思想实验作为认知模型的局限性

我们知道，无论是什么样的实验最为重要都是它的执行部分和结论部分，思想实验也不例外。如果说实验的实施会开启认识未来的大门，那么思想实验的启发式的价值在通往认知的道路上为我们点亮了几盏耀眼的灯。然而并不是所有的引人入胜的思想实验都能实现预期的目的，思想实验之所以会吸引怀疑者的目光，主要是针对思想实验是否能够揭示实在的本质而言的。就其原因在于它们在很大程度上基于我们的经验，而我们的经验是否可靠本身是存疑的，这样，思想实验也就陷入了怀疑的境地。我们知道任何事物的出现不是空穴来风，思想实验终究是在特定的阶段出现的，它的发展总是有两面性——有积极的一面，也有其局限性。这里我们会思考思想实验与真实实验相比不成功的情况，以及思想实验被误用后出现的问题。

第一节 思想实验不成功的情况

尽管思想实验有着不同寻常的视角，然而并不是所有的思想实验都是成功的。我们知道，所做的实验有时能对存在的假设、假说和理论进行有效的验证，有时并没能实现实施者的意图。贾尼斯（Allen I. Janis）在其文章《思想实验会瓦解吗》中指出了真实实验失败的三种情况，这三种情况也适用于思想实验。

到目前为止，对思想实验而言，并没有统一定义和标准，因而会存在不同的分析和认识。在物理学语境内，对于思想实验某些特征的讨论与对真实实验的讨论是相关的。首先，思想实验是对实验步骤及实验结果或可能结果的一种描述，同时也会涉及实验的步骤，却并没有暗示实验确实能进行操作。原则上讲，不同形式的推理可能包含了对技术困难的克服，例如，一个思想实验的描述可以假设不同的所处条件。第二，推理演绎的结果或可能的结果肯定是与既定的理论框架相一致的。贾尼斯列举了众所周知的玻姆（D.Bohm）对爱因斯坦-帕多尔斯基-罗森的思想实验（EPR）的修正。

"想象一下能发射两个粒子的源头，旋转中的每一个的一半（在一个由 2π 分开的普朗克常数的标准单元中），全角和边角的量都为零。粒子在相反的方向运动，经过长时间的等待，粒子就如希望的那样被分离开来，接着可以想象在既定的方向上，每个粒子的旋转部分，称为 z- 方向，是能够测量的。根据量子力学的规律，这些测量表明粒子旋转的 z 部分会是 $+1/2$，另一个为 $-1/2$，不管哪个方向被挑选出来都会命名为 z- 方向。"[1]

贾尼斯试图通过 EPR 实验说明思想实验可利用的两个必要条件：一个是实验的描述及实验可能的结果；另一个是应用量子力学的理论框架演绎的可能结果，对这一结果的探究就是思想实验的目的。

众所周知，我们在现实世界里操作的实验，其结果并不一定都会如所预料的那样，这样的实验之所以有三种原因。

第一，实验不能完全严密地执行，会受到意外的干扰。例如，设备的损坏或者一些外部的影响干扰了实验的真正效果（或是实验者）。这可以视作是一种失败的情况，实验（或尝试的实验）或许会失败，因此不会产生任何结果，这类情况有许多，比如，一些物理的、化学的实验。

第二，给定的结论不正确，这种情况实验也是失败的。实验者在设计实验

---

[1] Janis A I. Can thought experiments fail?//Horowitz T, Massey G J. Thought Experiments in Science and Philosophy. Savage: Rowman & Littlefield Publishers, 1991: 113.

的整个流程时,并未注意和发现其中的不当之处,仍旧有条不紊地完成了实验。实验的结果出现了问题,只不过实验者并没有意识到而已。尽管实施实验的人从实验中获得了一些明确的结论,然而这些结论并不是实验者试图要揭示的正确内容。最著名的例子是,20世纪初,德国物理学家考夫曼(W. Kaufman)测量得出电子团对速度的依赖性。他发现,电子在以接近光速的速度运动时,电子的质量会急剧增加,这打破了过去人们认为质量守恒与物质运动无关的思想。考夫曼的结论与狭义相对论的结论不一致。普朗克(M.Planck)研究了实验并得出考夫曼用他的仪器对电子领域的假设是错误的,这是因为撤走仪器的过程中产生了电离,普朗克对数据的再一次分析支持了相对论的预测。

第三,尽管结论是正确的,但产生的结论使实验失败了,这是因为实验没有给出实验者期待解决的有关问题的答案。比如,尝试断定质子是否是稳定的那类实验中,出现了失败的情况,这些实验没有对质子的衰变给出肯定的证明,只是说明如果质子完全衰变,它的生命周期至少可能是 10^{32} 年,这时就能进行实验了,然而有实验表明,这种风潮中的理论已经注意到更短的生命周期,尽管人们普遍相信这些实验给出了正确的结论,但是实验没有建立质子预期的不稳定性。或许有人认为通过实验得到了正确的结论,实验应该在这种情况下算不上是失败的。"如果实验者的动机是为了质子获得较低的边界,那么,实验在上述第三种情况中就不会符合它的定义。然而对质子生命周期最低界限的确立并没有揭示质子是否真的衰退的问题,至少某些感兴趣的团体会思考存在实验失败的那种情况。"[①]因此,真实实验开始检验某些观点,不管实验者曾经的期望与动机怎样,实验至少在某种程度上确立了对某一事物的看法:要么是真,要么是假。贾尼斯把这类实验列为成功的实验。另外,如果实验开始肯定了某种效果的存在并最终仅仅确立了效果大小限定(超越了对实验的有效)的范围的话,他认为在第三种情况下的实验是失败的。

真实实验不成功有上述三种情况,我们把它与思想实验相对照,会发现思

---

① Janis A I. Can thought experiments fail?//Horowitz T,Massey G J. Thought Experiments in Science and Philosophy. Savage:Rowman & Littlefield Publishers,1991:115.

想实验也存在类似的不成功的三种情况。

第一，建构了一个或多个思想实验，然而，如果不能进行彻底，就得不出正确的结论。比如，一个实施思想实验的人，他自身的知识储备不足，或是他的分析方法、推理方式走偏的话，他所得出的结论就会出现偏差。因此，思想实验在这种情况下，我们应视其为失败的。

第二，在思想实验的场景中，实验设计存在失误（夸大或不合理的设计），推理出现了不确定性，从而得出了不正确的结论。例如，爱因斯坦在1930年索尔维会议上对一个思想实验的分析就是如此。他描述了一种原则上似乎是允许测量的装置来反驳涉及有关能量与时间不确定性原则的形式。然而，玻尔发现爱因斯坦的分析是不正确的，具有讽刺意味的是爱因斯坦忽略了广义相对论的某个方面；当广义相对论恰好被考虑时，分析的结果实际上与不确定性原则一致。

第三，思想实验的结论没能解决构建者所要解决的问题，尽管整个的流程及结论无误，这也不能算是成功的思想实验，如EPR思想实验。在EPR实验中，如果测量是由其中分离的一个粒子旋转的Z部分形成的，那么另一粒子旋转的Z部分肯定能被预测。与此相似的是，如果测量了第一个粒子旋转的X部分而不是Z部分，那么第二个粒子旋转的X部分无疑也能被预测。EPR实验论证了在任何情况下，对第一个粒子旋转的测量没有干扰第二个粒子，这样的话，如果在没有干扰系统的情况下用确定性预测了一个系统的物质属性的话，那么属性就符合了物理实在的一个元素。EPR实验进一步论证了第二个粒子旋转的X部分或是Z部分肯定能被预测，这依赖于选择对第二个粒子的测量的操作，第二个粒子旋转的两个部分都符合物理实在的要求。因此根据量子力学的常规解释，这些旋转部分肯定不能同时解释价值，EPR实验总结道，由量子力学给定的对实在的描述是不完善的。在这一点上，他喜欢在思想实验本身与思想实验结论之间形成一种看法。在该例子中，这种看法应该来源于旋转部分测量结果的推导；另一方面是关于量子力学本质的结论。思想实验的结论似乎是正确的，然而，EPR实验关于量子力学本质的结论是正确的并没有普遍的一致性。因此思想实验并没有为得出量子力学是不完善的这一结论提供明确的基础。EPR 实验既没有表明量子力学是完善的，也没有表明量子力学是不完善的。

除了贾尼斯外，库珀认为思想实验可能两个方面不成功。思想实验失败的首要原因是，"如果一个思想实验不能正确地回答'要是……又怎样'的问题，它就不会成功"①。她列举了威廉姆斯（Bernard Williams）的思想实验，即像变形虫那样分裂的人。这是思想实验失败的一个案例，因为我们不能回答"要是……又怎样"的问题。威廉姆斯询问："如果人像变形虫那样分裂会怎样？"我们会怎样回答呢？实际上我们无法给出答案。人们如何精确地像变形虫那样分裂呢？人们中间分裂吗？每一个人有一条腿还是一只手？如果是那样的话，他们就会跌倒，除非皮肤突然发育覆盖了他们的伤口，人这个有机体就会分裂开来。假定会分裂成两个迷你的但是完整的人吗？分裂之前，推测一个人必须长出一个多余的头、腿、和胳膊。无论采用什么样的分裂方式，离开了摹本的生物都是无法完成的。即便是给出的理由是多么的复杂和可信，但太过于惊悚的分裂方式还是太极端了。如果他用来提供那个答案的规律是含蓄的而不是明确的，那么，思想实验者很可能会在回答"要是……又怎样"的问题时犯错。当一个规律很明确时，如此的提问方式在应用时就很典型。例如，物理学中的一些规律，思想实验者能弄明白规律是否适用于他所想象的情况，并且知道怎样应用它。我们使用的概念很少有令人满意的定义，思想实验者在操作时使用了更有利的概念，会搜寻其他的方法提前处理未遇到的情况，如类比的方法。然而，类比推理依赖感知的相似性。

思想实验失败的第二个原因在于没有建构内在连贯的模型。思想实验者一旦犯错，矛盾就很难被认出。数学家能建构表面上可信的但是错误的证明，提出实际不可能的情况。有的思想实验者认为不存在原有的矛盾，例如，古代的某些思想实验是通过反证法的论证来说明宇宙是无限的。比如，卢克莱修（Lucretius）的矛和无限者。

---

① Cooper R. Thought experiments. Metaphilosophy，2005，36：344.

卢克莱修让我们想象一个人把矛扔向宇宙的尽头会怎样。要么矛弹回来，要么继续飞。无论怎样，都表明宇宙边际之外有东西存在。弹回来是因为有物体挡住了矛，继续飞是因为宇宙还有更多空间。于是，卢克莱修迷信：宇宙是无限的。这样的思想实验失败是因为思想实验者忽略了这样的事实：物体的表面可能是有限的，但没有边际。球的表面就是一个例子。该思想实验错误地看到之前没有看到的矛盾，说明思想实验存在不可靠性。应该说，我们现在对空间是有概念的，所以它是有限的、无边无际的。如果一个思想实验者对于实际世界的相关方面知识渊博，他不仅拥有有关某些现象的明确的或含蓄的知识，而且他会预测假设事件是如何展现的，在这样的情况下，思想实验可能会成功。"当我们的关于规律的知识是明确的，此时它在各种领域内就如物理学那样是很具代表性的，我们能清楚地看到规律是否适用于想象的情况。"① 这说明要避免混乱的场景，思想最好维持尽可能简单的想象情景。

由此可见，思想实验作为认知模型，存在一定的局限性。特别是对于一个缺少知识和能力的实验者而言，他想要完成对想象的情景的分析时，会出现不同的解释和结论。实验者在他们的分析中出错或是忽略了相关变化的细节时，也不会成功。比如，一个实施思想实验的人，他自身的知识储备不足，或是他的分析方法、推理方式走偏的话，他所得出的结论就会出现偏差。因此，思想实验在这种情况下，应视为失败。

第二节　误用思想实验带来的问题

思想实验在分析哲学的实践中扮演着非常重要的角色。很多分析哲学家都喜欢使用思想实验，把它们作为分析的主要方法之一来检测所论证的问题。思想实验带来的形象化的推理，是其他的实验不能比拟的。尽管思想实验有其他实验不可比拟的优势，但是也不能过度夸大它的使用范围。不幸的是，思想实验多次被误用，事实上当它们表现出很不同的内涵时，思想实验的支持者就会

---

① Cooper R. Thought experiments. Metaphilosophy, 2005, 36: 345.

把思想实验的表现宣扬为某种结论，这样就容易出现不一致的情况，就是说可能你只看到了思想实验外表的东西，就会想当然地那样认为，实际上可能还会有深层次的原因。由于思想实验被错误地描述，它们真正的、积极的结果未能被我们发现。

我们知道思想实验包含了理想化的情况，理想化的情况并非实际就是如此。伽利略的思想实验就是一个例子。该实验要证明的是，没有力的情况下，物体以等速继续运动。伽利略要我们来思考小球在无摩擦的 U 型曲线内滚动。当从一侧滚下时，球会回到同样的高度。从第二边回来的球会走过很大的距离。在这样的限定中，如果我们不延长第二边的长度，球会经过无限远的距离回到此高度。首先要说明的是，理想化的思想实验常常与对实验结论推断的限定案例是相似的。当我们尝试证明一般规律时，科学家们常常在图上标出一些执行实验的结论，然后从这些结论开始入手或推算。凭直觉来看，许多可能的实验是在有把握的情况下进行的，特殊情况下才会用到思想实验。不同之处在于，实验在于实施，对于思想实验来说，实验者设想或描述了某种假设的情况，而推测者没有想象关系到它的大量的可能的实验。一些批评者对思想实验包含理想化的情况提出了质疑。他们认为，推测是可辩护的，是因为推测是有依据可循的，推测是在更大的科学背景下进行的，所以是合理的。思想实验有时会超越科学知识的边界，因此是难以辩护的。此外，有些思想实验是不能用真实实验来代替的，主张该观点的人也是不对的，因为它们违背了物理定律。因此它们不能实施，也不能近似地实施。这样的思想实验的目的是要阐明逻辑的可能性。"这样的思想实验与计算机的模拟是很类似的，科学家为了弄明白如果自然律稍微不同的话，事件会怎样展现，他们常常会进行计算机模拟。"[1]例如，物理学家用计算机来模仿，如果重力常数不同，宇宙怎样展现。思想实验者会在头脑内模仿不断变化的世界。至少在简单的情况下，那些能够清楚把握相关规律的思想实验应该与计算机模拟是一样可靠的。一些对思想实验持怀疑态度的哲学家

---

[1] Neressian N. In the theoretician's laboratory: Thought experimenting as mental modeling. Proceedings of the PSA 2. Chicago: University of Chicago Press, 1992: 299.

认为，计算模拟与思想实验相比，计算模拟的结果是可信的，思想实验存在违背物理定律情况。如果思想实验的设计者认为思想实验作为认知模型是有用的，他们必须给出令人信服的理由和依据。

美国匹兹堡大学的哲学教授盖尔（Richard M. Gale）指出："一旦我们抓住了这些有害的思想实验的结论，我们能够再次构想它们，并从它们中得出有用的结果。"① 他通过对不同类型的思想实验分析，重构了思想实验这个概念的基础，把那些有害的思想实验与合理的思想实验进行对比，指出不合理使用思想实验是不可取的。

为了理解思想实验的用意，哲学家会分析思想实验这一概念，有时这样的考虑似乎是必要的。盖尔认为，哲学的分析者在每个案例中都应该为概念的正确应用指出充分必要的条件。事实上这仅仅是一种可能。为了超越这种可能性，分析者必须在语言中设置某个词来表达或呈现概念，然后他才能说出所规定的规则，用这些规则判断使用该词的正确与错误。这些规则有一种调整的力量，当概念的应用偏离了规则时，就需要调整概念。对于概念的调整，人们还是很乐意接受的。盖尔还认为，人们正在描述的一种特殊的、标准的、习惯的实践活动就是语言游戏。人们在语言游戏中可以使用反例，这样的做法常见于哲学的思想实验。盖尔认为，针对语言游戏中有关可能情景的描述或者分析的存在反事实状况应该是失败的，主因是反事实的分析本身未必为真，它破坏了规则，偏离了原有的概念。盖尔的分析表明，想象情景中清晰的反例可以视作是思想实验。如，为了反驳古代把人类作为无毛的两足动物的说法，我们可以想象一只被拔了毛的公鸡，而不是真的去杀一只公鸡。如果把"人"定义为没有羽毛的两足动物的话，那么"没有羽毛的两足动物是人"似乎就为真了。我们可以想象一下蜥蜴，就会发现该定义是错的。像这样的案例，无需也没有必要从实践的层面去做，同样也没有理由反对这样的思想实验。他的意思是说思想实验首先是在想象的情景中，呈现给我们一个印象深刻的反例，而我们在这样的一

---

① Gale R M. On some pernicious thought-experiments//Horowitz T，Massey G J. Thought Experiments in Science and Philosophy. Savage：Rowman & Littlefield Publishers，1991：297.

个想象情景中，面对一个清晰的反例时，我们可以在规则的要求下使用（或者禁止使用）思想实验这个词。

另一类误用思想实验的情况是，这类的思想实验呈现给我们含混不清的或者是无法确定的案例。在这样的情况下，语词使用提出的规则不适用于想象的情景无法确定什么是正确的，这时语词所表达的未必为真。到目前为止，最有趣的故事告诉我们，在可能的情境中，语言的规则并非都能起决定作用。因此，在不能确定的或模糊的情况下，要分析思想实验的结论，肯定会造成负面的影响。分析哲学家不可以随意扩充语词的规则，他们必须正确使用语词规则来解释每个情景中的问题。范围限定在清楚确定的案例内。正是存在许多不确定案例的思想实验被错误地当作了明确的反例，这样就会形成对思想实验的不合理使用。当词有多重标准时，这种状况就发生了。例如，我们目前关于人本身超越时间与空间的概念要求时间、空间与生理的连续性。如果只有时间满足的话，这个案例也是一个模糊的不确定的案例。洛克认为，他的关于王子和朋友的思想实验明确地移动了身体是因为他们的生理特征互换，对于生理连续性的要求来说，这是一个明确的反例。他认为这仅仅是一个不能确定的案例。大多数不能确定的案例的思想实验，不足以说明它们不能告诉我们奇怪的案例是否是个特例或是经常性的巧合，或者说大多数时候都是如此。正是因为一些案例的细节可能是有问题的，所以实验者通过案例来判断结论的正确性是有偏差的。如果不确定的案例是思想实验的特例，那么思想实验在应用的过程中，就不可避免误入歧途。

在此笔者认为盖尔所列举的那些不确定、含混不清的案例，是指在世界中是一个特例，与我们使用语言规则概念下的案例不同，如普特南的"孪生地球"，此世界中的水和"孪生地球"上的水，化学结构相同，但二者却是不同的。用我们现有的各种各样的概念定义和条件应用于想象世界，放置于思想实验的情景中，一旦进行了错误的描述，就可能出现与实际情况有所不同的情形，得出的推论也只能是你的一厢情愿。如此做的结果可能是无用的、徒劳的。或者说同样的事物在不同的世界却成了不能确定的东西。在这种情况下，"我们缺失了概念本身的标准,不仅超越了时间而且也穿越了可能世界"①。

这两类不能确定的思想实验结果之间的区分,依赖于一个日常被忽视了的差别:真实事件(真实实验)和假定事件(思想实验)之间的区别。在想象世界内,实验的一个先决条件就是大多数与真实实验相关却不可判定的案例是不会发生的,然而存在适合于思想实验的存在形式的更微妙的条件。这主要是因为涉及我们使用思想实验的意图和目的。人成为人的重要的独特方式就是,我们有独立思考的能力,能意识到自我的存在,却不能违反自然律。我们在关于人本身的许多科幻型的思想实验的文献中,会看到反事实世界,我们用拥有的技术随意来复制人,交换他们的部分用以合成的新部分,重新设置等。有时这些思想实验的出发点是我们受到了肉体的限制,我们形成了太大的时空连续性,特别是当我们使它成为人本身超越时间的必要条件时,别人会问我们"为什么很重要?"就好比这样,清晨你的妻子去医院,中午从医院回来。你看到的这个人是你的妻子吗?如果是,你就承认了人必须具有时空的连续性。如果不是,这就违背了自然规律,你将无法区分是你的妻子呢,还是一个具有相同功能的克隆体。这样的思想实验显然是不合情理的,甚至是违背自然律的。

简而言之,如果我们误用思想实验的话,思想实验得出的结论与其原来设计的预想得到的结果则会不同。

本 章 小 结

思想实验作为认知模型肯定有其不完善的地方,其局限性更多地体现在思想实验的建构者在建构和使用思想实验时存在的问题。这样的情况主要体现在两个方面:一方面,建构的思想实验并没有符合自己预期的目的,所得结论没能解决实验构建者所要解决的问题,尽管整个的流程及结论无误,这也不能算是成功的思想实验;另一方面,使用思想实验误入歧途,出现了有悖常理或者自然律的情况。之所以出现上述情况,主要在于我们自身探寻和把握事件的本

---

① Sorensen R A. Thought Experiments. New York:Oxford University Press,1992:298.

质方面有不足之处。比如，在某些推理的问题上我们可能无法克服技术层面的困难，因此推理演绎出的结果或许与既定的理论框架相悖。在误用思想实验的场景中，一旦设计存在失误（无限度地夸大或不合理地想象），推理就会出现不确定性，从而得出不正确的结论。

结语　思想实验认知观

纵观本书的分析和讨论，自始至终都是以思想实验为中心展开的。我们知道任何事物的发展都不是一蹴而就的，思想实验也一样。不同的研究者对思想实验的解读肯定是从不同的角度来进行的。就笔者参阅的资料和文献来看，人们常常习惯性地使用"思想实验"这个说法，可思想实验是什么，并没有给出确切的表达，或者说对思想实验的概念并没有清晰的界定，往往是依据自己的研究内容和认识冠以"思想实验"之名。迄今为止，有关思想实验的研究表现为两种趋势：一种是以诺顿为代表的——思想实验是论据；另一种是以索伦森为代表的——思想实验是实验。按照思想实验的作用表现来看，大致也分为了两类：思想实验是推理的一种方法，思想实验是有效的论证工具。而从思想实验的内部结构的分类来看，以布朗为代表，他把思想实验分成了两类：一类是建设性的思想实验，一类是破坏性的思想实验。此外，思想实验一般会被认为是超过了有趣假设的，被认为是一种可靠的探寻模型。笔者倾向于接受索伦森的定义，即一个思想实验就是一个无需实施就能达到其目标的实验，同时认为有一种模型是基于思想实验而来的，即一种潜在的基于思想实验的认知模型。

事实上，不管把思想实验怎样分类，思想实验都会涉及先验知识和后验知识，或者是经验主义和理性主义之间争论。为此，本书首先梳理了思想实验发展的历史渊源，或者说是探寻了思想实验发展的主要脉络。研究得出思想实验具有一般实验所具有的几个科学的特征。比如，一个思想实验肯定与要检验的假设有关（或是要回答那些问题），这些假设是出现在特殊观察或理论语境内。第二，思想实验在所观察世界语境内。尽管在思想实验中存在许多得不到经验观察支持的假想，但是它的存在也是必不可少的。第三，思想实验的细节须经得住推敲，或者说必须是在足够可控的情况下建立的，好的思想实验就像大多数好的物理实验那样，是可重复的。第四，我们需要在思想实验内辨识许多独立变化的因素，以便确定这些变化因素和用于描述实验结果的可依赖的变化因素之间的相互关系。思想实验的结果对于最初的背景理论而言，应该会产生一定的影响。然而思想实验与真实实验的确有不同之处。通过对思想实验的特征和表现形式的分析（非实际的可操作性、非情景的再现性、情景的虚拟性、过程的似真性和展现的直接性），以此来说明什么不是思想实验，什么是思想实验，以思想实验怎样运作为依托，揭示了思想实验应用过程中所发挥的几个作用（解释、反驳、认知、预测）。对思想实验历史背景的分析，试图找到思想实验的哲学基础。结合科学史上思想实验的典型案例与认知科学视域内与思想实验有关的内容，探究了思想实验的认知机制。最后，基于这些研究的方方面面，另辟蹊径，把思想实验作为一种认知模型，通过解析该模型，以便对思想实验认知模型的独特之处和不成熟的地方做出客观的评价。

书中有三个方面的内容没有纳入讨论的范畴。首先是有些人认为的人格同一性方面存在思想实验。而笔者认为它们不是从实验的角度上演化而来的，只能说是想象的或假想的实验，或者说是看上去像是思想实验，其实不是。其次是我们怎样断定思想实验结论的可靠性。许多潜在的思想实验本身拥有证明性的作用，虽然这样的证明作用是很缓慢的，但是它们却像真正的实验一样，是不可忽视的。其证明性的作用是针对不同历史阶段的不同现象而言的，比如，伽利略对物理现象的说明。当然，思想实验在某种意义上不能与真实实验相比，因为真实实验建立在可观察和实践的基础之上，特殊领域、特殊的时期的科学家凭借这样的实验，在其说服性的努力结果方面，证明性的作用肯定是要强于思想实验的。相比之下，对于思想实验的结果，在无法进行实验验证的前提下，确实不能不让人怀疑。思想实验的难题在于我们没有亲身历经的实践操作过程，它的证明太过于理想化和抽象化了，脱离我们现有的经验。思想实验的有效性也确实依赖于我们对世界理论的检验能力，因为它们本身没有直接检测世界的能力。书中尽可能避免使用术语"经验的"来描述思想实验，而从心理的角度描述它们。实际上科学的推理有时完全可以不需要经验的东西。还有一些类似的思想实验，例如，普特南的"孪生地球"、塞尔的中文屋以及EPR悖论。它们很难准确地判定或支持我们论证的结果，我们需要找到经验证据。如果思想实验预想的结论不会错或至少证明是合理的，那么我们就会赞成思想实验的可靠性，如果它们具有很成功的预测过程和相应的结论，我们有理由相信它的可靠性。此外，就是思想实验的评价问题。就这一问题来看，目前存在三种不同的立场。积极的立场以布朗和索伦森等为代表，主张思想实验能产生新知识（先验知识）；折中的立场以库珀、斯科特（Sam Scott）等为代表，他们认为思想实验不仅会带有先验的知识，而且也带有后验的知识。正如斯科特所言："基于这个原因，稳妥的办法是把思想实验看作是一种理论评价活动，把理论经验的本质问题放置于评价的位置。心理的推理使我们错误地宣扬了这种观点，即思想实验在强烈的感觉上是经验的而不是我们真正意味的那样。"[①]也就是说，思想实验最好被看作是生动的关于两个世界竞争的理论范畴。实际上，像自由落体和EPR悖论这样的思想实验，它们的力量在于，我们深刻地了解到它们与现实传统理论相一致的是什么。如果它们包含了某种经验的物质，那么，思想实验是很有用的。这种经验的物质不是直接的观察，相反则是在形成有关经验数据基础上的理论形成的语言形式。思想实验在某种方式上是经验的，这与真实实验是经验的不是一回事。除了用于争辩的可能性之外，思想实验确实从未得出关于世界的任何新知识，但是却给予了我们新的启示。还有一些人处于消极的立场，认为思想实验会使我们误入歧途，我们应该抛弃它们，思想实验应该被

---

① Scott S. Dueling Theories: Thought Experiments in Cognitive Science. http://www.weukn.baidu.com/view/d48a5f313968011ca3009166.html?from=search[2011-07-18].

真实实验所取代。尽管误用思想实验确实会带来错误，但是思想实验的使用并未见少，而是越来越多了。一些思想实验之所以被使用，是因为只有在思想中执行才可能有更好的理由（它们也可能是不道德的，或者代价太高了不能在实际中实施）。一些思想实验不能被真实实验所取代，这些思想实验要么是理想化的，要么直接违反了物理规律。本书认为拒斥使用任何类型的思想实验是不恰当的。毕竟，思想实验所涉及有关有疑问的特殊假设事件或事态，不仅为我们的探寻提供了方法，而且可以对最初理论语境进行修正和补充。

总而言之，思想实验无论在哲学还是其他领域都存在着，无论是把它们看作一种方法，还是一种论证，或者是一种认知模型。不管它们的作用是积极的还是消极的，我们首先不能把思想实验错误地认为是心理的重复、反复或者是恰当的物理实验的预测，因为思想实验是一个真正意义上的实验，它们肯定不是关于可能的物理实验的一次心理的操练或者心理的预测。它们具备了一般实验的思维逻辑，是一种有关经验的、有关实在的、可进行想象重构、想象的、转移的、虚构的一种可能性，在不同的场合用于检测假设的一种方法。正如一些思想实验的评论者认为的那样，思想实验以某种特殊的方式或其他的方式发挥作用。然而并不是所有的思想实验都如同真实实验那样以不同的方式发挥作用。真实实验有时验证（捍卫或反驳）科学的猜想，有时会说明理论或模拟自然现象，有时揭示或产生新现象。思想实验的表现形式可能是多样的，至少作为认知模型来看，对于概念的解释语境、理论的演化过程以及认知的逐渐形成而言，是不可小觑的。

本书以认知科学学科为背景，对思想实验做了系统性的梳理和归纳，但还有待得到更深刻的思考和挖掘。可以断言的是，思想实验与认知相结合的研究将备受瞩目。

参考文献

艾什比.1965.控制论导论.北京：科学出版社.
艾耶尔.1987.二十世纪哲学.李步楼，俞宣孟，苑利均等译.上海：上海译文出版社.
柏格森.2004.时间与自由意志.吴士栋译.北京：商务印书馆.
保罗·萨伽德.1999.认知科学导论.朱菁译.合肥：中国科学技术大学出版社.
彼得·科尔斯.2005.爱因斯坦与大科学的诞生.李醒民译.北京：北京大学出版社.
伯顿，雷德福.1990.思维研究剖析.杨尔衢，梁金泉等译.重庆：重庆出版社.
博登.2006.人工智能哲学.刘希瑞，王汉琦译.上海：上海译文出版社.
布里吉特·罗特莱茵.2001.薛定谔的猫：玄奥的量子世界.余建平译.上海：百家出版社.
布鲁斯·贝塞特，拉尔夫·埃德尼.2007.视读相对论.李芬译.合肥：安徽文艺出版社.
布宁，余纪元.2001.西方哲学英汉对照词典.北京：人民出版社.
蔡曙山.2007.关于哲学、心理学和认知科学的12个问题——与约翰·塞尔教授的对话.学术界，（3）：7-17.
曹剑波.2006.缸中之脑知道"我不是缸中之脑"吗？——怀疑主义的普特南式解答议评.自然辩证法通讯，2：27-33.
曹天元.2008.量子物理史话.沈阳：辽宁教育出版社.
陈嘉明.2005.实在、心灵与信念.北京：人民出版社.
陈江进，郭琰.2003.心身问题解决的新尝试：机器功能主义.自然辩证法通讯，25（4）：28-33.
陈克晶.1985.思想实验在科学认识中的作用.哲学研究，10：32-38.
陈亚军.1997.论普特南的实用主义实在论.自然辩证法通讯，（5）：22-28.
陈亚军.2000.论普特南科学实在论立场的转变.哲学研究，（2）：63-68.
陈亚军.2002.超越绝对主义与相对主义——普特南哲学的终极命意.厦门大学学报（哲学社会科学版），1：51-58.

陈亚军．2003．普特南与罗蒂的对话：实在论能给我们留下些什么．世界哲学，1（1）：70-80．
迟源．2004．从斯梯芬链到麦克斯韦妖——浅谈物理学中的思想实验．大学物理，（4）：55-58．
大卫·珀皮诺，霍华德·塞利娜．2009．视读意识学．王黎译．合肥：安徽文艺出版社．
丹尼尔·丹尼特．2008．意识的解释．苏德超等译．北京：北京理工大学出版社．
范·弗拉森．2005．科学的形象．郑祥福译，上海：上海译文出版社．
伽莫夫．2002．从一大无穷大．暴永宁译．北京：科学出版社．
高文武．1982．论思想实验．自然辩证法通讯，5：53-60．
高新民，宋荣．2008．心灵哲学中的思想实验．福建论坛（人文社会科学版），8：44-48．
郭斌．2005．塞尔"中文屋"思想实验的哲学意蕴辨析．自然辩证法研究，12：31-34．
海德格尔．1999．在通向语言的途中．孙周兴译．北京：商务印书馆．
江怡．1998．走向新世纪的西方哲学．北京：中国社会科学出版社．
柯普宁．1984．作为认识论和逻辑的辩证法．彭漪涟，王天厚等译．上海：华东师范大学出版社．
库恩．2005．必要的张力．范岱年，纪树立译．北京：北京大学出版社：237．
奎因顿．2000．空间与时间//布宁，余纪元．西方哲学英汉对照词典．北京：人民出版社：147．
黄益民．2006．当前心灵哲学中的核心课题．世界哲学，5（5）：3-15．
拉美特利．1999．人是机器．顾寿观译．北京：商务印书馆．
赖尔．2006．心的概念．徐大建译．北京：商务印书馆．
林德宏．1999．人与机器——高科技的本质与人文精神的复兴．南京：江苏教育出版社．
刘端直．1995．论思维实验．科学技术与辩证法，2：26-30．
刘晓力．2003．认知科学研究纲领的困惑与走向．中国社会科学，4（4）：10-18．
刘晓力．2005．交互隐喻与涉身哲学——认知科学新进路的哲学基础．哲学研究，（10）：73-80．
罗伯特·索拉索．2001．21世纪的心理学．朱莹，陈煊之译．北京：北京大学出版社．
罗杰·彭罗斯．2007．皇帝新脑．许明贤，吴忠超译．长沙：湖南科学技术出版社．
罗姆·哈瑞．2006．认知科学导论．魏屹东译．上海：上海科技教育出版社．
马赫．1997．感觉的分析．洪谦，唐钺，梁志学译．北京：商务印书馆．
马赫．2007．认识与谬误．李醒民译．北京：商务印书馆．
玛丽·雪莱．2010．科学怪人．范颖译．重庆：重庆出版社．
莫里茨·石里克．1997．自然哲学．陈维杭译．北京：商务印书馆．
穆尼茨．1986．当代分析哲学．吴牟人，张汝伦等译．上海：复旦大学出版社．
派利夏恩．2007．计算与认知：认知科学的基础．任晓明，王左立译．北京：中国人民大学出版社．
彭孟尧．2006．人心难测：心与认知的哲学问题．北京：生活·读书·新知三联书店．
皮亚杰．1985．发生认识论原理．王宪钿等译．北京：商务印书馆．

皮亚杰. 1989. 生物学和认识. 尚建新等译. 北京: 商务印书馆.
皮亚杰. 2005. 可能性和必然性. 熊哲宏译. 上海: 华东师范大学出版社.
普特南. 2001. 从内部看分析哲学的半个世纪 // 陈波. 分析哲学: 回顾与反省. 成都: 四川教育出版社: 85-113.
普特南. 2005. 理性、真理和历史. 童世俊, 李光程译. 上海: 上海译文出版社.
普特南. 姚申海译. 1998. 美国半个世纪的哲学. 现代外国哲学社会科学文摘, 2: 47-50.
乔治·拉考夫. 2007. 乔治·拉考夫认知语言学十讲. 北京: 外语教学与研究出版社.
乔治·米德. 2005. 心灵、自我与社会. 赵月瑟译. 上海: 上海译文出版社.
丘奇兰德, 田平译. 2006. 功能主义40年: 一次批判性的回顾. 世界哲学, (5): 23-34.
塞尔. 2001. 心灵、语言与社会. 李步楼译. 上海: 上海译文出版社.
塞尔. 2005. 心灵的再发现. 王巍译. 北京: 中国人民大学出版社.
塞尔. 2006. 心、脑与科学. 杨音莱译. 上海: 上海译文出版社.
塞尔. 2009. 意识的奥秘. 刘叶涛译. 南京: 南京大学出版社.
舒炜光. 1980. 思想实验的妙用——对爱因斯坦相对论科学方法的探讨 (之三). 社会科学辑刊, 3: 40-42.
舒炜光. 1982. 思想实验固有实践本性——兼评托马斯·S.库恩的观点. 社会科学战线, 4: 1-10.
斯宾诺莎. 1997. 笛卡尔哲学原理. 王荫庭, 洪汉鼎译. 北京: 商务印书馆.
索尔·克里普克. 2005. 命名与必然性. 梅文译. 上海: 上海译文出版社.
唐青利, 王浩. 1999. 思想实验的特质及其认识论意义. 四川师范大学学报 (社会科学版), 4: 15-20.
唐热风. 1997. 论功能主义. 自然辩证法通讯, (1): 6-12.
唐热风. 1998. 心的本质是计算吗? 自然辩证法研究, 4: 3-8.
唐孝威等. 2006. 脑科学导论. 杭州: 浙江大学出版社.
涂向阳. 2011. 论思想实验. 学理论, 12: 67-68.
王文清. 1999. 脑与意识. 北京: 科学技术出版社.
魏屹东, 常照强. 2007. 语用模型表征: 一种基于语境的认知推理. 科学技术与辩证法, 4 (4): 44-48.
魏屹东. 2004. 认知转向: 科学哲学发展史上一次新的战略性转移 // 李平, 陈向, 张志林, 等. 科学·认知·意识——哲学与认知科学国际研讨会文集. 南昌: 江西人民出版社: 1-17.
魏屹东. 2005. 认知科学对科学哲学的影响及意义. 科学技术与辩证法, 6: 4-6.
魏屹东. 2005. 认知科学与哲学关系的历史审视. 文史哲, (2): 134-139.
魏屹东. 2006. "语法隐喻" 及其对认知科学的意义. 科学技术哲学研究, 2 (2): 57-62.
魏屹东. 2008. 从哲学预设到科学前提——试论科学预设的合法化. 文史哲, 5: 135.
沃兹沃思. 1986. 皮亚杰的认知发展理论. 周镐等译. 武汉: 华中师范大学出版社.

希拉里·普特南. 2008. 无本体论的伦理学. 孙小龙译. 上海：上海译文出版社.
希拉里·普特南. 2008. 重建哲学. 杨玉成译. 上海：上海译文出版社.
夏基松，沈斐风. 1987. 西方科学哲学. 南京：南京大学出版社.
谢之君. 2007. 隐喻认知功能探索. 上海：复旦大学出版社.
幸强国. 1999. 心脑关系解析. 自然辩证法通讯，（8）：4-6.
幸强国. 2003. 试析普特南和乔姆斯基的语义思想的出发点. 哲学动态，（8）：40-44.
熊哲宏. 2002. 认知科学导论. 武汉：华中师范大学出版社.
徐向东. 1992. 功能主义 意识与意向性. 自然辩证法通讯，（2）：19-26.
许良英. 1970. 爱因斯坦文集. 第一卷. 范岱年编译. 北京：商务印书馆.
薛巍. 2002. 普特南与伽达默尔. 江西社会科学，8：17-18.
杨玉辉. 2003. 现代自然辩证法原理. 北京：人民出版社.
约翰·麦克道威尔. 2006. 心灵与世界. 刘叶涛译. 北京：中国人大出版社.
詹森. 2006. 不同的脑，不同的学习者. 北京：中国轻工业出版社.
张恩虬. 1983. 思想实验——介绍一种科学研究方法. 自然杂志，11：807-809，880.
张庆能，同林东等. 2005. 20世纪英美哲学. 北京：人民出版社.
章士嵘等. 1996. 当代西方著名哲学家评传. 第二卷. 济南：山东人民出版社.
赵时亮. 1999. 虚拟实验：从思想实验到虚拟现实. 科学技术与辩证法，6：21-25.
赵煦. 2011. 思想实验研究的核心问题述评. 哲学动态，6：76-83.
周昌乐，黄华新. 2009. 从思辨到实验：哲学研究方法的革新. 浙江社会科学，4：2-10，125.
周超. 1996. 思想实验的特征：理想性和似实验性. 华南师范大学学报（社会科学版），6：20-23.
周克武. 1999. 试论塞尔对功能主义的批判. 河南教育学院学报（哲学社会科学版），3：40-43.
周晓亮. 2005. 自我意识、心身关系、人与机器——试论笛卡尔的心灵哲学思想. 自然辩证法通讯，27（4）：46-52.
朱利安·巴吉尼. 2008. 一头想要被吃掉的猪. 张容南，杨志华译. 上海：上海三联书店.
艾什比. 1965. 控制论导论. 北京：科学出版社.
艾耶尔. 1987. 二十世纪哲学. 李步楼，俞宣孟，苑利均等译. 上海：上海译文出版社.
柏格森. 2004. 时间与自由意志. 吴士栋译. 北京：商务印书馆.
保罗·萨伽德. 1999. 认知科学导论. 朱菁译. 合肥：中国科学技术大学出版社.
彼得·科尔斯. 2005. 爱因斯坦与大科学的诞生. 李醒民译. 北京：北京大学出版社.
伯顿，雷德福. 1990. 思维研究剖析. 杨尔衢，梁金泉等译. 重庆：重庆出版社.
博登. 2006. 人工智能哲学. 刘希瑞，王汉琦译. 上海：上海译文出版社.
布里吉特·罗特莱茵. 2001. 薛定谔的猫：玄奥的量子世界. 余建平译. 上海：百家出版社.
布鲁斯·贝塞特，拉尔夫·埃德尼. 2007. 视读相对论. 李芬译. 合肥：安徽文艺出版社.
布宁，余纪元. 2001. 西方哲学英汉对照词典. 北京：人民出版社.

蔡曙山.2007.关于哲学、心理学和认知科学的12个问题——与约翰·塞尔教授的对话.学术界,(3):7-17.

曹剑波.2006.缸中之脑知道"我不是缸中之脑"吗?——怀疑主义的普特南式解答议评.自然辩证法通讯,2:27-33.

曹天元.2008.量子物理史话.沈阳:辽宁教育出版社.

陈嘉明.2005.实在、心灵与信念.北京:人民出版社.

陈江进,郭琰.2003.心身问题解决的新尝试:机器功能主义.自然辩证法通讯,25(4):28-33.

陈克晶.1985.思想实验在科学认识中的作用.哲学研究,10:32-38.

陈亚军.1997.论普特南的实用主义实在论.自然辩证法通讯,(5):22-28.

陈亚军.2000.论普特南科学实在论立场的转变.哲学研究,(2):63-68.

陈亚军.2002.超越绝对主义与相对主义——普特南哲学的终极命意.厦门大学学报(哲学社会科学版),1:51-58.

陈亚军.2003.普特南与罗蒂的对话:实在论能给我们留下些什么.世界哲学,1(1):70-80.

迟源.2004.从斯梯芬链到麦克斯韦妖——浅谈物理学中的思想实验.大学物理,(4):55-58.

大卫·珀皮诺,霍华德·塞利娜.2009.视读意识学.王黎译.合肥:安徽文艺出版社.

丹尼尔·丹尼特.2008.意识的解释.苏德超等译.北京:北京理工大学出版社.

范·弗拉森.2005.科学的形象.郑祥福译,上海:上海译文出版社.

伽莫夫.2002.从一大无穷大.暴永宁译.北京:科学出版社.

高文武.1982.论思想实验.自然辩证法通讯,5:53-60.

高新民,宋荣.2008.心灵哲学中的思想实验.福建论坛(人文社会科学版),8:44-48.

郭斌.2005.塞尔"中文屋"思想实验的哲学意蕴辨析.自然辩证法研究,12:31-34.

海德格尔.1999.在通向语言的途中.孙周兴译.北京:商务印书馆.

江怡.1998.走向新世纪的西方哲学.北京:中国社会科学出版社.

柯普宁.1984.作为认识论和逻辑的辩证法.彭漪涟,王天厚等译.上海:华东师范大学出版社.

库恩.2005.必要的张力.范岱年,纪树立译.北京:北京大学出版社:237.

奎因顿.2000.空间与时间//布宁,余纪元.西方哲学英汉对照词典.北京:人民出版社:147.

黄益民.2006.当前心灵哲学中的核心课题.世界哲学,5(5):3-15.

拉美特利.1999.人是机器.顾寿观译.北京:商务印书馆.

赖尔.2006.心的概念.徐大建译.北京:商务印书馆.

林德宏.1999.人与机器——高科技的本质与人文精神的复兴.南京:江苏教育出版社.

刘端直.1995.论思维实验.科学技术与辩证法,2:26-30.

刘晓力.2003.认知科学研究纲领的困境与走向.中国社会科学,4(4):10-18.

刘晓力.2005.交互隐喻与涉身哲学——认知科学新进路的哲学基础.哲学研究,(10):73-

80.

罗伯特·索拉索. 2001. 21 世纪的心理学. 朱莹, 陈煊之译. 北京: 北京大学出版社.

罗杰·彭罗斯. 2007. 皇帝新脑. 许明贤, 吴忠超译. 长沙: 湖南科学技术出版社.

罗姆·哈瑞. 2006. 认知科学导论. 魏屹东译. 上海: 上海科技教育出版社.

马赫. 1997. 感觉的分析. 洪谦, 唐钺, 梁志学译. 北京: 商务印书馆.

马赫. 2007. 认识与谬误. 李醒民译. 北京: 商务印书馆.

玛丽·雪莱. 2010. 科学怪人. 范颖译. 重庆: 重庆出版社.

莫里茨·石里克. 1997. 自然哲学. 陈维杭译. 北京: 商务印书馆.

穆尼茨. 1986. 当代分析哲学. 吴牟人, 张汝伦等译. 上海: 复旦大学出版社.

派利夏恩. 2007. 计算与认知: 认知科学的基础. 任晓明, 王左立译. 北京: 中国人民大学出版社.

彭孟尧. 2006. 人心难测: 心与认知的哲学问题. 北京: 生活·读书·新知三联书店.

皮亚杰. 1985. 发生认识论原理. 王宪钿等译. 北京: 商务印书馆.

皮亚杰. 1989. 生物学与认识. 尚建新等译. 北京: 商务印书馆.

皮亚杰. 2005. 可能性和必然性. 熊哲宏译. 上海: 华东师范大学出版社.

普特南. 2001. 从内部看分析哲学的半个世纪 // 陈波. 分析哲学: 回顾与反省. 成都: 四川教育出版社: 85-113.

普特南. 2005. 理性、真理和历史. 童世俊, 李光程译. 上海: 上海译文出版社.

普特南. 姚申海译. 1998. 美国半个世纪的哲学. 现代外国哲学社会科学文摘, 2: 47-50.

乔治·拉考夫. 2007. 乔治·拉考夫认知语言学十讲. 北京: 外语教学与研究出版社.

乔治·米德. 2005. 心灵、自我与社会. 赵月瑟译. 上海: 上海译文出版社.

丘奇兰德, 田平译. 2006. 功能主义 40 年: 一次批判性的回顾. 世界哲学, (5): 23-34.

塞尔. 2001. 心灵、语言与社会. 李步楼译. 上海: 上海译文出版社.

塞尔. 2005. 心灵的再发现. 王巍译. 北京: 中国人民大学出版社.

塞尔. 2006. 心、脑与科学. 杨音莱译. 上海: 上海译文出版社.

塞尔. 2009. 意识的奥秘. 刘叶涛译. 南京: 南京大学出版社.

舒炜光. 1980. 思想实验的妙用——对爱因斯坦相对论科学方法的探讨(之三). 社会科学辑刊, 3: 40-42.

舒炜光. 1982. 思想实验固有实践本性——兼评托马斯·S. 库恩的观点. 社会科学战线, 4: 1-10.

斯宾诺莎. 1997. 笛卡尔哲学原理. 王荫庭, 洪汉鼎译. 北京: 商务印书馆.

索尔·克里普克. 2005. 命名与必然性. 梅文译. 上海: 上海译文出版社.

唐青利, 王浩. 1999. 思想实验的特质及其认识论意义. 四川师范大学学报(社会科学版), 4: 15-20.

唐热风. 1997. 论功能主义. 自然辩证法通讯, (1): 6-12.

唐热风.1998.心的本质是计算吗？自然辩证法研究，4：3-8.
唐孝威等.2006.脑科学导论.杭州：浙江大学出版社.
涂向阳.2011.论思想实验.学理论，12：67-68.
王文清.1999.脑与意识.北京：科学技术出版社.
魏屹东，常照强.2007.语用模型表征：一种基于语境的认知推理.科学技术与辩证法，4（4）：44-48.
魏屹东.2004.认知转向：科学哲学发展史上一次新的战略性转移//李平，陈向，张志林，等.科学·认知·意识——哲学与认知科学国际研讨会文集.南昌：江西人民出版社：1-17.
魏屹东.2005.认知科学对科学哲学的影响及意义.科学技术与辩证法，6：4-6.
魏屹东.2005.认知科学与哲学关系的历史审视.文史哲，（2）：134-139.
魏屹东.2006."语法隐喻"及其对认知科学的意义.科学技术哲学研究，2（2）：57-62.
魏屹东.2008.从哲学预设到科学前提——试论科学预设的合法化.文史哲，5：135.
沃兹沃思.1986.皮亚杰的认知发展理论.周镐等译.武汉：华中师范大学出版社.
希拉里·普特南.2008.无本体论的伦理学.孙小龙译.上海：上海译文出版社.
希拉里·普特南.2008.重建哲学.杨玉成译.上海：上海译文出版社.
夏基松，沈斐风.1987.西方科学哲学.南京：南京大学出版社.
谢之君.2007.隐喻认知功能探索.上海：复旦大学出版社.
幸强国.1999.心脑关系解析.自然辩证法通讯，（8）：4-6.
幸强国.2003.试析普特南和乔姆斯基的语义思想的出发点.哲学动态，（8）：40-44.
熊哲宏.2002.认知科学导论.武汉：华中师范大学出版社.
徐向东.1992.功能主义 意识与意向性.自然辩证法通讯，（2）：19-26.
许良英.1970.爱因斯坦文集.第一卷.范岱年编译.北京：商务印书馆.
薛巍.2002.普特南与伽达默尔.江西社会科学，8：17-18.
杨玉辉.2003.现代自然辩证法原理.北京：人民出版社.
约翰·麦克道威尔.2006.心灵与世界.刘叶涛译.北京：中国人大出版社.
詹森.2006.不同的脑，不同的学习者.北京：中国轻工业出版社.
张恩虹.1983.思想实验——介绍一种科学研究方法.自然杂志，11：807-809，880.
张庆能，同林东等.2005.20世纪英美哲学.北京：人民出版社.
章士嵘等.1996.当代西方著名哲学家评传.第二卷.济南：山东人民出版社.
赵时亮.1999.虚拟实验：从思想实验到虚拟现实.科学技术与辩证法，6：21-25.
赵煦.2011.思想实验研究的核心问题述评.哲学动态，6：76-83.
周昌乐，黄华新.2009.从思辨到实验：哲学研究方法的革新.浙江社会科学，4：2-10，125.
周超.1996.思想实验的特征：理想性和似实验性.华南师范大学学报（社会科学版），6：20-23.
周克武.1999.试论塞尔对功能主义的批判.河南教育学院学报（哲学社会科学版），3：40-43.

周晓亮. 2005. 自我意识、心身关系、人与机器——试论笛卡尔的心灵哲学思想. 自然辩证法通讯, 27（4）: 46-52.

朱利安·巴吉尼. 2008. 一头想要被吃掉的猪. 张容南, 杨志华译. 上海: 上海三联书店.

Armstrong D M. 1968. A Materialist Theory of the Mind. London: Routledge.

Arthur R. 1999. On thought experiments as a priori science. International Studies in the Philosophy of Science, 3: 215-229.

Au T K. 1983. Chinese and English counterfactuals: the Sapir-Whorf hypothesis revisited. Cognition, 15: 155-187.

Beaulieu A. 2004. From brainbank to database: the informational turn in the study of the brain. Stud. Hist. Phil. Biol. & Biomed. Sci., 35: 367-390.

Beck S. 2006. These bizarre fictions: thought-experiments, our psychology and our selves. Philosophical Papers, 1: 29-54.

Bishop M A. 1998. An Epistemological Role for Thought Experiments. Poznan Studies in the Philosophy of the Sciences and the Humanities, 63: 19-34.

Bishop M A. 1999. Why thought experiments are not arguments. Philosophy of Science, 4: 534-541.

Block N. 1980. Troubles with functionalism//Block N. Readings in Philosophy of Psychology. Vol. 1. Cambridge: Harvard University Press: 268-305.

Boden M. 2006. Mind as machine: A history of cognitive science. Oxford: Oxford University Press.

Bokulich A. 2001. Rethinking thought experiments. Perspectives on Science, 9（3）: 285-307.

Borsboom D, Mellenbergh G J, van Heerden J. 2002. Functional thought experiments. Synthese, 3: 130.

Brendel E. 1987. Intuition pumps and the proper use of thought experiments. Dialectica, 58（1）: 89-108.

Brewer W F, Nakamura G V. 1984. The nature and functions of schemas// Wyer Jr. R S, Srull T K. Handbook of Social Cognition. Vol. 1. Hillsdale: Erlbaum: 119-160.

Brook A. 1999. Does philosophy offer cognitive science distinctive methods?//Proceedings of the 21st Annual Conference of the Cognitive Science Society. New York: LEA: 102-108.

Brooks D H M. 1994. The method of thought experiment. Metaphilosophy, 1: 71-83.

Brown J R. 1986. Thought experiments since the scientific revolution. International Studies in the Philosophy of Science, 1: 1-15.

Brown J R. 1991. The Laboratory of the Mind. London, New York: Routledge.

Brown J. 2004. Why thought experiments transcend experience//Hitchcock C, et al. Contemporary Debates in Philosophy of Science. Malden: Blackwell: 23-43.

Bunzl M. 1996. The logic of thought experiments. Synthese, 106: 227-240.

Burge T. 1979. Individualism and the mental// French P, Uehling T, Wettstein H. Midwest Studies in Philosophy 4 (1). Minneapolis: University of Minnesota Press: 73-122.

Cavallaro D. 2004. The brain in vat in cyberpunk: the persistence of the flesh. Stud. Hist. Phil. Biol. & Biomed. Sci., 35: 287-305.

Clark A. 2001. Mindware: An Introduction to the Philosophy of Cognitive Science. New York: Oxford University Press.

Cole D J. 1984. Thought and thought experiments. Philosophical Studies, 45: 431-444.

De Mey T, Weber E. 2003. Explanation and thought experiments in history. History and Theory, 42 (1): 28-38.

Dennett. 1982. The Mind's I: Fantasies and Reflections on Self and Soul. Toronto: Bantam Books.

Fetzer J H. 1997. Philosophy and Cognitive Science. Paragon, New York: Paragon Issues in Philosophy.

Fodor J A. 1981. Methodological solipsism considered as a research strategy in cognitive science // Haugeland J. Mind Design. Cambridge: The MIT Press: 307-338.

Fodor J. 1987. Psychosemantics: The Problem of Meaning in the Philosophy of Mind. Cambridge: The MIT Press.

Gendler T S. 1998. Galileo and the indispensability of scientific thought experiment. British Journal for the Philosophy of Science, 49 (3): 397-424.

Gendler T S. 2007. Philosophical thought experiments, intuitions and cognitive equilibrium. Midwest Studies in Philosophy, 31 (1): 68-89.

Gendler T. 1998. Galileo and the indispensability of scientific thought experiment. British Journal for the Philosophy of Science, 49: 397-424.

Gentner D. 1983. Structure-mapping: A theoretical framework for analogy. Cognitive Science, 7: 155-170.

Gere C. 2004. Brains-in-vat, giant brains and world brains: the brain as metaphor in digital culture. Stud. Hist. Phil. Biol. & Biomed. Sci., 35: 351-366.

Gere C. 2004. The brain in a vat. Stud. Hist. Phil. Biol. & Biomed. Sci., 35: 219-225.

Gere C. 2004. The technologies and politics of delusion: an interview with artist Rod Dickinson. Stud. Hist. Phil. Biol. & Biomed. Sci., 35: 333-349.

Gere C. 2004. Thought in a vat: thinking through Annie Cattrell. Stud. Hist. Phil. Biol. & Biomed. Sci., 35: 415-436.

Gilbert J, Reiner M. 2000. Thought experiments in science education: potential and current realization. International Journal of Science Education, 22 (3): 265-283.

Gilbert J, Reiner M. 2004. The symbiotic roles of empirical experimentation and thought experimentation in the learning of physics. International Journal of Science Education, 26（15）: 1819-1834.

Gooding D C. 1992. The Cognitive Turn, or, Why Do Thought Experiments Work？//Giere R, Feigl H. Cognitive Models of Science. Minneapolis: University of Minnesota Press: 45-76.

Hacking I. 1993. Do thought experiments have a Life of Their Own?// Hull D, Forbes M, Okruhlik K. PSA 1992. Vol. 2. Michigan: Eastlansing: 302-308.

Häggqvist S. 1996. Thought Experiments in Philosophy. Stockholm: Almqvist and Wiksell International.

Häggqvist S. 2009. A model for thought experiments. Canadian Journal of Philosophy, 39（1）: 55-76.

Helm H, Gilbert J, Watts M D. 1985. Thought experiments and physics education-part 2. Physics Education, 20: 211-217.

Helm H, Gilbert J. 1985. Thought experiments and physics education-part I. Physics Educa-tion, 20: 124-131.

Hofstadter D R, Dennett D C. 1981. The Mind's I: Fantasies and Reflections on Self & Soul. Toronto: Bantam Books: 374.

Horowitz T, Massey G J. 1991. Thought Experiments in Science and Philosophy. Savage: Rowman & Littlefield Publishers.

Humphreys P. 1993. Seven theses on thought experiments//Earman J. Philosophical Problems of the Internal and External Worlds. Pittsburgh: Pittsburgh University Press: 205-227.

Ichikawa J, Jarvis B. 2007. Thought-experiment intuitions and truth in fiction. Philosophical Studies, 142（2）: 221-246.

Irvine A D. 1991. On the nature of thought experiments in scientific reasoning//Horowitz T, Massey G J. Thought Experiments in Science and Philosophy. Savage: Rowman & Littlefield Publishers: 153-158.

Jackson F. Thought experiments and possibilities. Analysis, 69（1）: 100-109.

James W. 1980. Principle of Psychology. New York: Holt.

Janis A I. 1991. Can Thought Experiments Fail?// Horowitz M. 1991. Thought Experiments in Science and Philosophy. Lanham: Rowman & Littlefield.

King P. Mediaeval thought-experiments: the metamethodology of mediaeval science // Horowitz T, Massey G J. 1991. Thought Experiments in Science and Philosophy. Savage: Rowman &Littlefield Publishers: 43-65.

Krimsky S. The use and misuse of critical Gedankenexperimente. Journal for General Philosophy of Science, 4（2）: 323-334.

Kujundzic N. 1996. Thought experiments: architecture and economy of thought. The Journalof the British Society for Phenomenology, 26 (1): 86-93.

Kujundzic N. 1998. The role of variation in thought experiments. International Studies in the Philosophy of Science, 12 (3): 239-243.

lassen S. 2006. The Science Thought Experiment: How Might it be Used Profitably in the Classroom? Interchange, 37 (1): 77-96.

Laymon R. 1991. Thought experiments by Stevin, Mach and Gouy: thought experiments as ideal limits and as Semantic Domains //Horowitz M. 1991. Thought Experiments in Science and Philosophy. Lanham: Rowman & Littlefield: 167-192.

Locke J. 1994. Phases in a child of language. American Scientist, 82: 436-445.

Ludwig K. 2007. The epistemology of thought experiments: first person versus third person approaches. Midwest Studies in Philosophy, 31: 128-159.

Manson N C. 2004. Brains, vats, and neurally-controlled animats. Stud. Hist. Phil. Biol. &Biomed. Sci., 35: 249-268.

McAllister J. 1996. The evidential significance of thought experiment in science. Studies in History and Philosophy of Science, 27: 233-250.

Miščevic N. 1992. Mental models and thought experiments. International Studies in the Philosophy of Science, 6: 215-226.

Moue A S, Masavetas K A, Karayianni H. 2006. Tracing the development of thought experiments in the philosophy of natural sciences. Journal for General Philosophy of Science, 1: 37.

Nersessian N. 1992. In the theoretician's laboratory: thought experimenting as mental modeling // Hull D, Forbes M, Okruhlik K. Proceedings of the 1992 Biennial Meeting of the Philosophy of Science Association. Vol. 2. Michigan: Philosophy of Science Association: 291-301.

Norton J D. 1996. Are thought experiments just what you thought? Canadian Journal of Philosophy, 26: 333-66.

Norton J D. 2004. On thought experiments: is there more to the argument? Philosophy of Science, 71 (5): 1139-1151.

Norton J D. 2004. Why thought experiments do not transcend empiricism//Hitchcock C. Contemporary Debates in the Philosophy of Science. Blackwell: 44-64.

Norton J. 1991. Thought experiments in Einstein's work//Horowitz T, Massey G J. Thought Experiments in Science and Philosophy. Savage: Rowman &Littlefield Publishers: 129-142.

Norton J. 1996. Are thought experiments just what you thought? Canadian Journal of Philosophy, 26: 333-366.

Parry B. 2004. Technologies of immortality: the brain on ice. Stud. Hist. Phil. Biol. & Biomed. Sci., 35: 391-413.

Peg T. 2005. What if: Collected Thought Experiments in Philosophy. New York: Pearson Longman.

Peijnenburg J, Atkinson D. 2003. When are thought experiments poor ones?Journal for General Philosophy of Science, 34（2）: 305-322.

Putnam H. 1975. Mind, Language and Reality: The meaning of "meaning". Cambridge: Cambridge University Press.

Quine W. 1960. Word and Object. Cambridge: The MIT Press.

Rachel C. 2005. Thought experiments. Metaphilosophy, 363: 28-347.

Rapaport W J. 1984. Searle's experiments with thought. Philosophy of Science, 53（6）: 271-279

Rescher N. Methodological Pragmatism. New York: University Press.

Rescher N. Thought experimentation in presocratic philosophy // Horowitz T, Massey G J. Thought Experiments in Science and Philosophy. Savage: Rowman &Littlefield Publishers: 31-43.

Rescorla R. 1988. Pavlovian conditioning: it's not what you think. American Psychologist, 43: 153.

Scott S. 2000. Dueling Theories: Thought Experiments in Cognitive Science. http://www.wenku.baidu.com/view/d48a5f313968011ca3009166.html?from=search[2011-07-18].

Searle J R. 1980. Minds, brains, and programs. BBS, 3: 353-373.

Searle J. 1983. Intentionality: An Essay in the Philosophy of Mind. Cambridge: Cambridge University Press.

Segal G. 1989. Seeing what is not there. The Philosophical Review, 98: 189-214.

Segal G. 1991. Deference of a reasonable individualism. Mind, 100: 485-493.

Sidelle A. 1998. Review of Soren Haggqvist's Thought Experiments in Philosophy. The Philosophical Review, 107: 480-483.

Smart J J C. 2004. The brain in the vat and the question of metaphysical realism. Stud. Hist. Phil. Biol. & Biomed. Sci., 35: 237-247.

Sorensen R A. 1999. Thought Experiments. New York: Oxford University Press.

Sprevak M, McLeish C. 2004. Magic, semantics, and putnam's vat brains. Stud. Hist.Phil. Biol. & Biomed. Sci., 35: 227-236.

Thagard P. 1988. Computational Philosophy of Science. Cambridge: The MIT Press.

Thagard P. 1992. Conceptual Revolutions. Princeton: Princeton University Press.

Thagard P. 1992. Conceptual Revolutions. Princeton: Princeton University Press.

Thagard P. 1999. How Scientists Explain Disease. Princeton: Princeton University Press.

Thagard P. 2000. Coherence in Thought and Action. Cambridge: The MIT Press.

Thagard P. 2006. Hot Thought: Mechanisms and Applications of Emotional Cognition. Cambridge: The MIT Press.

Thagard P. 2006. Mind: Introduction to Cognitive Science. 2nd ed. Cambridge: The MIT Press.

Tresh J. 2004. In a solitary place: Raymond Roussel's brain and the French cult of unreason. Stud. Hist. Phil. Biol. & Biomed. Sci., 35: 307-332.

Watson J. 1917. An attempted formulation of the science of behavior psychology. Psychological Review, 24: 327.

Watson J. 1959. Behaviorism. Chicago: University of Chicago Press.

Wilkes K. 1988. Real People: Personal Identity Without Thought Experiments. Oxford: Clarendon Press.

Willard van Orman Quine.1960. Word and Object. Cambridge: MIT Press.

Wilson R A, Keil F C. The MIT Encyclopedia of the Cognitive Sciences. London: The MIT Press.